Carl-Auer-Systeme

ich lasse mich finden

Daan van Kampenhout

Wie mein Wunschpartner zu mir kommt

Aus dem Niederländischen
von Volker Moritz

2003

Carl-Auer-Systeme im Internet: www.carl-auer.de
Bitte fordern Sie unser Gesamtverzeichnis an:

Carl-Auer-Systeme Verlag
Weberstr. 2
69120 Heidelberg

Über alle Rechte der deutschen Ausgabe verfügt Carl-Auer-Systeme
Verlag und Verlagsbuchhandlung GmbH Heidelberg
Fotomechanische Wiedergabe nur mit Genehmigung des Verlages
Satz u. Grafik: Drißner-Design u. DTP, Meßstetten
Umschlaggestaltung: WSP Design, Heidelberg
Umschlagbild: © Bildagentur Mauritius GmbH
Copyright für alle Zeichnungen im Buch: © Daan van Kampenhout
Printed in the Netherlands
Druck und Bindung: Koninklijke Wöhrmann, Zutphen

Erste Auflage, 2003
ISBN 3-89670-406-0

Bibliografische Information Der Deutschen Bibliothek Die Deutsche Bibliothek verzeichnet diese
Publikation in der Deutschen Nationalbibliografie; detaillierte bibliografische Daten
sind im Internet über http://dnb.ddb.de abrufbar.

Die Originalausgabe dieses Buches erschien unter dem Titel
„Ruimte voor relaties" im Verlag Altamira-Becht, Bloemendaal, Niederlande.
Copyright © 2002 by Daan van Kampenhout

Inhalt

Danksagung

Mein Dank geht an alle Männer und Frauen, für die ich die individuellen Sitzungen und Beratungen durchführen durfte, aus denen die Rituale und Übungen ausgewählt wurden, die in diesem Buch beschrieben werden.

Einige Freunde spornten mich an, wenn ich mit dem Schreiben etwas hinterherhinkte. Ich bedanke mich bei ihnen für ihre Begeisterung.

Danke auch an Oscar David, der für mich da war und den Rahmen schuf, der mir das Schreiben dieses Buches ermöglichte.

Schließlich will ich mich auch bei meinen Helfern bedanken, mit denen ich während der Sitzungen kommunizierte: Sie lieferten die meisten Ideen, die ich danach ausarbeitete.

Michaela Kaden danke ich für ihren Vorschlag zum Titel des Buches.

Hinweis

Die Leser, die nach den Tipps und Ratschlägen in diesem Buch handeln, tun dies vollständig auf eigenes Risiko und in eigener Verantwortung. Der Autor kann auf keinerlei Weise für die Resultate und Wirkungen verantwortlich gemacht werden, die sich aus den Übungen, Ritualen und Meditationen ergeben. Wer als Leser aufgrund persönlicher Erfahrungen Hilfe oder Unterstützung benötigt, sollte sich am besten an einen kompetenten Psychotherapeuten oder an eine andere professionelle Hilfseinrichtung wenden.

Wie dieses Buch entstanden ist

Wenn ich mit einem Klienten arbeite, nehme ich mir zu Beginn einer Sitzung ausreichend Zeit, mir zusammen mit ihm/ihr einen Überblick zu verschaffen über alle wichtigen Aspekte seiner/ihrer Frage oder des Problembereichs. Danach nehme ich eine kleine Kalebassen-Rassel in die Hand und schließe meine Augen. Während ich dann die Rassel im Rhythmus bewege, singe ich leise. Dadurch komme ich in einen leichten Trancezustand und kann meine Aufmerksamkeit auf meine Helfer richten.

Helfer? Im Schamanismus geht man davon aus, dass Hilfsgeister existieren. Kräfte, die Gutes für die Menschen wollen und die man als Helfer um Rat und Hilfe fragen kann. Ich singe und spreche, bitte und bete und richte mein Bewusstsein auf eine andere Wirklichkeit. Diese andere Realität lässt sich gut vergleichen mit der Welt der Träume, die wir alle nachts während des Schlafens betreten. Bilder erscheinen, vermischen sich miteinander, Geschichten entstehen. Die Erfahrung, sich zu bewegen oder mit Tieren und Menschen zu kommunizieren, fühlt sich für mich in diesem leichten Trancezustand genauso echt an, wie ein Traum Wirklichkeit ist für den Träumer, der im Tiefschlaf ist.

Doch selbst wenn die Welt, die während der Trance wahrgenommen wird, in vielerlei Hinsicht der Traumwelt ähnelt, so gibt es doch einen wichtigen Unterschied zwischen der bewussten Trance eines erfahrenen Schamanen und dem schlafenden Träumer. Der Träumer ist sich in der Regel der Tatsache nicht bewusst, dass er träumt, und kann deshalb meist nur passiv an der Geschichte teilhaben, die sich in seinem Traum entfaltet. Der Träumer ist der Spielball der Geschehnisse. Wenn ich mich mit der Rassel in Trance versetze, bleibe ich dagegen bewusst und kann in jedem Moment meinen eigenen Weg wählen. Ich kann meine Helfer aufsuchen und ihnen die Fragen meines Klienten vorlegen. Ich schlafe nicht, sondern bin wach. Meine Helfer lassen mich wissen, wie sie das Problem sehen, und sagen mir anschließend, was der Klient ihrer Meinung nach selbst tun kann, um eine positive Veränderung in Gang zu bringen. Der Klient bekommt praktische Übungen, Rituale und Meditationen als Hausaufgaben mit auf den Weg und führt diese dann aus.

Sind diese Helfer nun wirklich existierende Hilfsgeister oder kommen sie aus meinem Unterbewusstsein? Auf diese Frage kann ich keine eindeutige Antwort geben. Ich habe Erfahrungen gemacht, bei denen es für mich offensichtlich war, dass hier eine Intelligenz handelt, die meinen eigenen Geist übersteigt. In anderen Momenten hatte ich eher den Eindruck, dass die Informationen, die ich während des Singens erhielt, meiner eigenen Menschenkenntnis und meinen Lebenserfahrungen entsprangen.

Doch unabhängig davon, woher diese Erkenntnisse nun wirklich stammen, stellte ich im Laufe der Jahre immer wieder fest, dass die Informationen, die ich während des Rasselns und Singens erhalte, Menschen helfen. Immer wieder bekomme ich sehr detaillierte Informationen, die exakt die Situation beschreiben, in welcher der Klient sich momentan befindet, ohne dass diese Details im vorhergehenden Gespräch genannt wurden. Für mich ist das Mysterium der Helfer nicht wirklich erklärbar. Auch ist die Frage nach ihrer Echtheit nicht mehr so wichtig für mich. Viel wichtiger ist, dass die Einsichten und Hilfen, die ich in der Trance bekomme, meinen Klienten weiterhelfen.

Vor ungefähr vier Jahren kamen innerhalb kurzer Zeit mehrere Klienten zu mir mit der gleichen Frage, nämlich wie sie einen Lebenspartner finden können. Da mir zufälligerweise innerhalb von zwei Wochen mehrere Male die gleiche Frage gestellt wurde, konnte ich mich sehr gut an die Ähnlichkeiten und die Unterschiede in den Antworten der Helfer erinnern. Normalerweise vergesse ich den Inhalt einer Sitzung schnell, doch in der ersten Sitzung zum Thema „Partnersuche" war es anders. Ich war selbst von den Hausaufgaben, die ich meinem Klienten aufgeben sollte, überrascht und fand sie inspirierend. Darum machte ich mir auch einige Notizen dazu. Bei den nächsten Beratungen von Klienten, die auf der Suche nach einem Lebenspartner waren, vermittelten die Helfer mir wieder andere Übungen. Wiederum schrieb ich die interessantesten Übungen auf, da ich sie nicht vergessen wollte.

Eines Tages stellte ich mir selbst die Frage, ob die gesammelten Informationen auch für eine Veröffentlichung geeignet wären. Immer wieder begegne ich nämlich Menschen, die auf der Suche nach einem Partner sind, aber keinen finden können. Und so kam mir der Gedanke, dass einige Ratschläge, die ich von meinen Helfern erhalten hatte, nicht nur für die einzelnen Klienten hilfreich sein könnten, sondern auch für andere Menschen.

Daraufhin ging ich in eine Buchhandlung und erkundigte mich, was es für Bücher zu diesem Thema gab. Ich entdeckte unterschiedlichste Bücher mit Tipps, wie man einen Lebenspartner finden kann. Aber ich sah kein Buch, in dem sowohl die spirituellen als auch die praktischen Aspekte zusammenkamen. Daraus wuchs die Idee, von diesem Gesichtspunkt aus ein Buch zu schreiben. Trotzdem dauerte es noch eine ganze Zeit, bevor ich mich wirklich an den Computer setzte, um zu schreiben.

Innerhalb eines Zeitraumes von ungefähr drei Jahren machte ich Menschen, von denen ich wusste, dass sie aktiv auf Partnersuche waren, das Angebot, mit ihnen eine Sitzung abzuhalten. Ich erzählte ihnen, dass ich auf diese Weise das Material für ein Buch zusammentragen wollte. So sammelte ich allmählich ausreichend Rituale, Übungen und Meditationen, die nun dieses Buch füllen.

Ich hielt Sitzungen für Männer und Frauen, für Jüngere und Alte und für Menschen mittleren Alters, für Menschen, die nie zuvor einen Partner hatten, und Menschen, die schon mehrere oder sogar sehr viele Beziehungen hinter sich hatten. Bei einigen war der Partner gestorben, andere wurden plötzlich von ihrem Partner allein gelassen oder haben selbst den Partner im Stich gelassen. Es waren Menschen, die hetero-, bi- oder homosexuell sind oder waren und die Kinder hatten oder nicht.

Jedes Mal kamen meine Helfer mit neuen Ideen und Tipps, bis ich schließlich ausreichend Material gesammelt hatte. Manchmal waren die Übungen und Rituale ernst und tief gehend, andere Male voll Heiterkeit und Witz. Manche forderten den Mut, Risiken einzugehen, während andere eher den Hinweis beinhalteten, die Ruhe zu bewahren und einen Schritt zurückzugehen. In diesem Buch ist eine abwechslungsreiche Mischung dieser bunten Ansammlung wiedergegeben. Ich habe sie nach Themen sortiert, so dass die Leserin und der Leser einfach und mit Leichtigkeit den Weg durch diese Fülle finden können.

Um ehrlich zu sein, waren es nicht nur die inspirierenden Antworten meiner Helfer, die mich zu diesem Buch geführt haben. Durch die Sitzungen kam ich zwar auf die Idee, ein Buch zu schreiben, doch gab es noch einen Grund, der mich wirklich dazu trieb, es auch in die Tat umzusetzen. Ich hatte selbst bis zu meinem 25. Lebensjahr keinen Partner, obwohl ich mich danach immer wieder stark sehnte. Die Erinnerungen an diese Jahre, in denen ich verzweifelt suchte, enttäuschende Erfahrungen machte, an mir selbst zweifelte und grübelte, was ich bloß verkehrt mache, sind auch heute noch nicht verblasst. Inzwischen habe ich zwar einen Partner (nach einer ersten dreijährigen Beziehung), mit dem ich inzwischen seit 12 Jahren in guten und schlechten Zeiten zusammen bin. Doch in meinem Freundes- und Bekanntenkreis gibt es noch immer viele, die sich nach einem Partner sehnen. Und genau wie ich selbst in meiner Vergangenheit müssen diese Freunde immer wieder feststellen, dass sie es einfach nicht schaffen, einen Partner zu finden.

Wenn man sich die Statistiken anschaut, scheint es sich um ein soziales Problem zu handeln und nicht um ein individuelles. Schaue ich jedoch hinter die Statistiken, sehe ich keine Zahlen und Werte, sondern Individuen, Menschen, die ich kenne, meine eigenen Freunde und Freundinnen, Bekannte, Klienten und Teilnehmer meiner Seminare. Ich sehe und höre viele individuelle Geschichten, in denen Hoffnung, Enttäuschung, Frust, Wut und Trauer eine große Rolle spielen. Glücklicherweise werden diese Gefühle oft abgelöst von Humor, Kreativität und Optimismus. Es waren vor allem diese letzten Eigenschaften, die mich immer wieder aufs Neue motivierten, meine Zeit und Energie in dieses Langzeitprojekt zu investieren: das Zusammenzustellen und Schreiben dieses Buches. Auf diese Weise kann ich die vielseitigen Ideen und weit reichenden Blickwinkel meiner Helfer denjenigen zur Verfügung stellen, die an diesem Wissen interessiert sind, so dass es ihnen helfen möge.

Daan van Kampenhout
Amsterdam, Herbst 2002

12

Einleitung

In den letzten Jahrzehnten sind in der westlichen Gesellschaft enorme Veränderungen zu erkennen. Früher wohnten Menschen vor allem in Familien- und Gruppenverbänden mit anderen Menschen zusammen, die den gleichen ethnischen und religiösen Hintergrund hatten und aus derselben sozialen Klasse kamen. Heutzutage sieht das an den meisten Plätzen der Welt ganz anders aus. In den Städten wohnen Menschen aller Rassen, Nationalitäten, Religionen und Klassen neben- und durcheinander. Dadurch entsteht auf der Straße und in den Wohngegenden weniger Zusammengehörigkeitsgefühl als früher. Wohnen und Arbeiten sind heute häufig voneinander getrennt, und Arbeitskollegen sind nur noch selten auch Nachbarn.

Nach unseren heutigen Maßstäben gab es in früheren Zeiten für den Großteil der Bevölkerung nur begrenzte oder keine Möglichkeiten zur freien persönlichen Entwicklung, und es gab etliche begrenzende soziale Regeln und Verpflichtungen. Heute können Menschen ihre persönliche Freiheit genießen und sind weniger sozialen Erwartungen und Zwängen ausgesetzt. Zudem sind Menschen heutzutage mobiler denn je.

Doch all diese positiven Aspekte haben auch ihren Preis. Viele Menschen fühlen sich allein, viele können keinen Lebenspartner finden. Die Veränderungen in der Gesellschaft haben eine größere Vereinsamung zur Folge. Unabhängig von allen anderen negativen Gedanken über die Vergangenheit muss man doch feststellen, dass früher die Partnersuche einfacher war. Da man in der direkten Umgebung mehr Umgang mit Gleichgesinnten hatte, begegnete man mehr potenziellen Lebenspartnern.

Bei der Partnerwahl konnte Liebe eine Rolle spielen, doch neben dem Besiegeln einer Liebesbeziehung galt eine Ehe auch als normaler und gebotener Schritt zur Existenzsicherung. Da es in dieser Zeit noch keine Versicherungen gab, so wie wir sie kennen, waren Menschen viel mehr aufeinander angewiesen. Es war lebenswichtig, Kinder in die Welt zu setzen, die später für die Eltern sorgen konnten.

In unserem gegenwärtigen sozialen System ist beinahe jeder krankenversichert, jeder kann sein eigenes Brot verdienen, eine eigene Wohnung bekommen und im Alter Rente beziehen. Diese weit reichende Individualisierung und gut organisierte Kranken- und Altersversorgung unserer Gesellschaft sind allerdings in gewisser Hinsicht ein Hindernis beim Suchen und Finden eines Partners. Menschen sind weniger aufeinander angewiesen, haben weniger Hilfe vom anderen nötig. Dadurch sind die Ansprüche, die man an einen Partner hat, auch enorm gestiegen. Jeder Aspekt, bei dem man eine deutliche und eigene Meinung hat, gibt einem ein gutes Gefühl von Selbstständigkeit und Anderssein. Aber gleichzeitig entsteht hier eine mögliche Quelle für Uneinigkeit und Diskussionen mit anderen, die an diesem Punkt unterschiedlicher Meinung sind. Durch alle Individualisierung wird es immer schwieriger, Menschen zu treffen, mit denen man einer Meinung ist, die den spezifischen und persönlichen Lebensstil schätzen oder teilen.

Wenn jemand mit einer eigenen Arbeit, eigenem Freundeskreis und einem eigenen Lebensstil darüber nachdenkt, seine oder ihre selbst erworbene Selbstständigkeit für einen Partner aufzugeben, dann muss dieser potenzielle Partner viel bieten können! Ein Partner muss dir die Freiheit geben, dich weiterentwickeln zu können, aber gleichzeitig muss er auch immer parat stehen, um dich aufzufangen, wenn es nötig ist. Wenn du keine Lust hast, mit ihm/ihr zu schlafen, muss er/sie dafür Verständnis haben und darf sich nicht beschweren. Wenn du jedoch Sex willst, muss er/sie direkt auch Lust haben.

Wenn Karriere und Freiheit die wichtigsten Dinge in deinem Leben sind, ist ein Partner nur dann willkommen, wenn er/sie nicht zu viele eigene Wünsche hat und keine zu deutliche eigene Meinung und keinen eigenen Lebensstil. Doch wer ist dann wiederum noch an einer Person interessiert, die ein bisschen fahl ist und nicht strahlt und funkelt, einer Person mit wenig eigenen Ideen und Charakter? Ja, auf diese Weise ist es schwer, einen idealen Partner zu suchen – und noch schwieriger, ihn/sie zu finden. Und wenn es dann nur darum ginge, sich ein einziges Mal auf die Suche zu begeben …

Aber heutzutage werden gleichzeitig auch noch mehr Ehen und Beziehungen als früher beendet, wodurch Menschen nicht nur ein Mal in ihrem Leben auf Partnersuche gehen, sondern sich mehrere Male diesem Spiel unterziehen. Theoretisch müssten es dann auch ausreichend viele freilaufende potenzielle Partner geben, da so viele Beziehungen auseinander gehen. Aber in Wirklichkeit scheint das nicht so zu sein. Die Situation auf dem Beziehungsmarkt ist viel dynamischer und unübersichtlicher als früher. Partner gibt es nicht wie Sand am Meer. Und für viele Menschen erweist es sich als nicht so einfach, einen neuen Lebensgefährten zu finden, vor allem nicht wenn man etwas älter wird oder Kinder hat.

Die Jagd nach einem neuen Partner ist für die meisten Menschen nicht mehr an die Suche nach finanzieller Sicherheit, sozialer Geborgenheit und dem Produzieren der Nachkommen – die für einen sorgen, wenn man älter wird – gebunden. Vernunftehen werden nur noch selten geschlossen, da sie in unserer Gesellschaft nicht mehr notwendig sind. Das Finden von einem Partner ist heutzutage für die meisten Menschen gleichgesetzt mit dem Finden der wahren Liebe. Aber was ist Liebe?

Vor der Liebe kommt oft erst Verliebtheit. Und Verliebsein ist zum größten Teil gekoppelt an physische Reize und Sex, das heißt, dass hierbei also vor allem biologische Faktoren von Bedeutung sind. Es ist wissenschaftlich bewiesen, dass Frauen und Männer unbewusst auf Pheromone des anderen Geschlechts reagieren. Pheromone sind eine Art subtile Duftstoffe, die unter anderem Informationen übermitteln wie zum Beispiel über Fruchtbarkeit und Verfügbarkeit als sexueller Partner (oder eben nicht). Außerdem hat man auch herausgefunden, dass die Menschen am attraktivsten gefunden werden, bei denen die verschiedenen Körperteile in einem bestimmten Größenverhältnis zueinander stehen.

Am eigenen Pheromonhaushalt kann man wenig verändern. Du kannst höchstens ein Parfum verwenden in der Hoffnung, einen angenehmen Duft zu verbreiten. Auch an der eigenen Knochenstruktur lässt sich wenig verändern. Wenn du einen starken Willen hast, kannst du regelmäßig ins Fitness-Studio gehen und dort trainieren oder abnehmen, um auf diese Weise den Körper wenigstens ein wenig an die gegenwärtigen Schönheitsnormen anzupassen. Außerdem kannst du solche Kleidung tragen, die deine eventuellen Schwachstellen etwas vertuscht oder die deine kurzen Beine zum Beispiel etwas länger erscheinen lässt. Mit Hilfe von Make-up kannst du jünger wirken, als du bist. Fettabsaugen für Damen oder Haartransplantationen für Herren – keine kosmetische Chirurgie ist zu aufwendig oder zu teuer, wenn es darum geht, jünger und/oder schöner zu werden.

Viele Menschen tun alles, was in ihrer Macht steht. Sie nehmen Tanzunterricht, werden Mitglied in einem Verein, einem Chor oder einem Lesezirkel, um auf diese Weise Gleichgesinnte zu treffen. Sie melden sich bei einem Single-Club an und besuchen Abende für Alleinstehende. Sie nehmen Sportunterricht und lassen sich über passende Kleidung beraten. Und stellen dann wiederum fest, dass es immer noch nicht geklappt hat, einen Partner zu finden. Es gibt viele Menschen, die höchst attraktiv aussehen, gut gekleidet sind, gut riechen und intelligent und obendrein bescheiden sind. Sie haben alles, was man sich nur wünschen kann. Und trotzdem finden sie keinen Partner. Oder sie finden jedes Mal jemanden, der/die eigentlich schon besetzt ist. Ist das nicht erstaunlich? Andere Menschen dahingegen, die überhaupt nicht gut aussehen, schlecht gekleidet sind und/oder zudem noch einige Kilos zu viel wiegen, können ohne Schwierigkeiten so viele Partner finden, wie sie wollen. Wie kommt es also, dass jemand, der/die alles gut im Griff hat, nicht an die Reihe kommt, während jemand anderes, der/die auf den ersten Blick keinen guten Marktwert hat, so erfolgreich ist? Es muss da also noch mindestens ein anderer Faktor eine Rolle spielen, neben den schon genannten gesellschaftlichen und biologischen Komponenten.

Vielleicht ist es nur Zufall? Es stimmt zwar, dass man einfach auf gut Glück jemanden treffen muss, mit dem es klickt, wenn man einen Partner will, jemanden, in den man sich verliebt. Wenn es so etwas wie Zufall wirklich gibt, kann dieses Zusammentreffen auch nicht wirklich beeinflusst werden. Das Wesentliche am Zufall ist gerade, dass es einfach „zufällig" passiert. Man kann sich keine/n fantastische/n Frau oder Mann hervorzaubern, sondern man muss einfach warten bis er/sie vorbeikommt. Aber ist sich Verlieben wirklich nur abhängig von zufälligen Begegnungen? Das scheint mir sehr unwahrscheinlich. Denn warum finden manche dann nie einen geeigneten Partner, während andere ohne Mühe nicht nur ein Mal, sondern viele Male das goldene Los ziehen? Meiner Meinung nach spielen hier neben allen vorher aufgeführten Argumenten, inklusive dem Zufall, auch die eigene Einstellung und das eigene Handeln eine wichtige Rolle. Und in einigen Situationen ist die eigene Rolle der ausschlaggebende Faktor, der entscheidet, ob jemand Erfolg hat oder nicht.

Die Übungen in diesem Buch basieren auf diesem letztgenannten Faktor, dem Bereich, in dem deine persönliche Verantwortung ins Spiel kommt. Er ist nur *einer* der vielen Faktoren, die eine Rolle spielen, wenn du auf der Suche nach einem Partner bist. Aber es ist genau der Faktor, auf den du wirklich selbst Einfluss hast. Mit Hilfe dieses Buches kannst du untersuchen, wie deine eigenen Erwartungen, deine eigene Geschichte, dein eigenes Verhalten und festgefahrene Muster im Umgang mit anderen die Suche nach einem Partner beeinflussen. Das Buch handelt in gewissem Sinne von Veränderungen. Wenn du von einem Tag auf den anderen plötzlich völlig andere Kleidung trägst als gewohnt, deinen Schnäuzer oder Bart abrasierst oder dein äußerliches auf eine andere Weise veränderst, kann das zur Folge haben, dass dich auf einmal ganz andere Menschen attraktiv finden oder du ihnen überhaupt erst auffällst. Darum lohnt es sich bestimmt, so etwas einfach einmal auszuprobieren. In diesem Buch stehen darum auch verschiedene Übungen und Tipps, um auf diesem Gebiet der Präsentation und Kommunikation ein wenig zu experimentieren. Der größte Teil der Übungen und Rituale richtet sich allerdings eher auf kleine Veränderungen, die sich von innen heraus vollziehen. Wenn du erst einmal beginnst, deine persönliche Geschichte zu untersuchen, deine Einstellung gegenüber anderen überprüfst und umformst und deine Wünsche unter die Lupe nimmst und sie da, wo es nötig ist, etwas an die Realität anpasst, dann wird das unmittelbar positive Folgen haben auf die Art, wie du anderen Menschen begegnest und Kontakt machst.

Wie kannst du dieses Buch am besten nutzen? Das liegt ganz an dir. Manche Übungen sprechen dich vielleicht direkt an, während andere Anregungen oder Aufträge dir überflüssig und nicht wirklich spannend erscheinen. Denke daran, dass jede Übung in einem bestimmten Moment innerhalb einer Sitzung für eine individuelle Person gegeben wurden. Jedes Ritual gehörte in einen bestimmten Zusammenhang. Lies das Buch darum nicht mit der Vorstellung, dass jeder Tipp, jedes Ritual und jede Übung in diesem jetzigen Moment für dich persönlich von Nutzen sein muss. Nimm dir die Freiheit, nur die Rituale und Vorschläge auszuwählen, die natürlicherweise deine Aufmerksamkeit auf sich ziehen. Orientiere dich an den Übungen, die dich ansprechen und deine Kreativität anregen.

Die Forschungsreise, die sich mit diesem Buch vor dir entfaltet, kann dich überraschen und manchmal konfrontieren. Es ist immer wieder eine Einladung auszuprobieren, zu forschen und kreativ zu sein. Das Endziel, einen Partner zu finden, kann natürlich mit keiner Übung garantiert werden. Wie ich vorher schon sagte, spielen bei der Suche nach einem Partner viel mehr Faktoren eine Rolle, und nur ein begrenzter Teil davon liegt in unserer eigenen Hand. Indem wir aber die unterschiedlichen Aspekte auf dieser Reise aus den verschiedensten Blickwinkeln beleuchten und hier und da etwas ummodeln, werden die Chancen, einen Partner zu finden, sicherlich erhöht. Was du schließlich tun musst, wenn du erst einmal einen Partner gefunden hast, verrät dir dieses Buch nicht. Über die Kunst, eine Beziehung aufrechtzuerhalten, haben schon andere Menschen geschrieben, dafür gibt es andere Bücher. Dieses Buch hilft dir, anderen Menschen mit mehr Sicherheit und Kreativität entgegenzutreten und dich selbst besser einzuschätzen. Es unterstützt dich, alte Begrenzungen vorsichtig aufzulösen, so dass du freier wirst, einem potenziellen Partner zu begegnen. Viel Erfolg!

1 Ehemalige Geliebte

Wenn ein Haus voll ist, gibt es keinen Raum mehr für neue Gäste. Es schadet also nicht, zwischendurch einmal zu überprüfen, wie viel Raum ehemalige Partner noch einnehmen, wenn du auf der Suche nach einer neuen Beziehung bist. Einige Menschen haben oft noch nach etlichen Jahren viel mit ihren Ex-Partnern zu tun: Sie „lieben" sie noch immer – oder hassen sie – und räumen ihnen damit einen sehr großen Platz in ihrem Leben ein. Manchmal geben sie ihnen einen so großen Platz, dass für einen neuen Partner kein Raum mehr bleibt. Aufräumen und Raum schaffen ist ein wesentlicher Schritt auf der Suche nach einem neuen Partner. Wenn du nur zu einem gewissen Teil frei bist, weil deine Gedanken immer noch beim alten Partner verweilen, kannst du auch nicht erwarten, dass du auf deiner Suche nach einer neuen Liebe jemanden finden wirst, der/die wirklich ganz und gar frei für dich ist.

Manche Menschen wollen nur eine Verbindung mit jemandem eingehen, der/die nur halb da ist. So brauchen sie sich selbst auch nicht hundertprozentig zu geben. Wenn du selbst nur mit halber Aufmerksamkeit anwesend bist, kann es sein, dass du ebenfalls so eine Person anziehst. Wenn du dagegen einen Partner willst, der/die echt für dich da ist, dann musst du dafür sorgen, dass du auch wirklich zu haben bist. Räume darum einmal das Lagerhaus der alten Geliebten und Beziehungen auf. Dafür ist es nicht notwendig, deine Ex-Partner völlig aus deinem Bewusstsein zu verbannen. Es ist in Ordnung und sogar wichtig, die Erinnerungen an das, was wertvoll und schön war, zu behalten. Es geht also nicht darum, die ehemaligen Geliebten zum Sperrmüll zu bringen, sondern vielmehr darum, für jeden von ihnen einen guten und passenden Platz zu finden.

Die folgenden Übungen und Rituale lassen dich deine Ex-Partner noch einmal betrachten. Und nachdem du sie ausgeführt hast, wirst du bemerken, dass ein Gefühl von mehr Raum entstanden ist. Der Raum, in dem sich ein neuer Partner willkommen fühlen kann.

Erste Hilfe

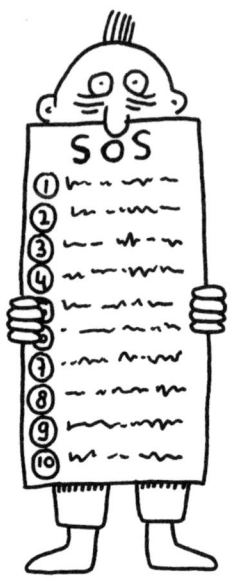

Wenn eine Beziehung beendet wird, weil einer der Partner plötzlich weggeht, kann der Partner, der zurückbleibt, in eine Art chronischen Schockzustand geraten. Der abrupte Bruch durch das Weggehen des Partners kann nicht richtig verarbeitet werden, und die Person bleibt mehr oder weniger hilflos zurück. Manchmal dauert so ein Schockzustand mehrere Tage oder Wochen, aber genauso gut kann dieser Zustand auch monatelang anhalten oder sich über Jahre hinweg hinziehen. Es gibt auch Menschen, die nie richtig über diesen Schock, verlassen zu werden, hinwegkommen. Das Gleiche passiert auch wenn einer der zwei Partner plötzlich stirbt oder verunglückt. Es benötigt viel Zeit, das Gefühl neu zu entwickeln, dass es so etwas wie Sicherheit und Beständigkeit gibt. Allerdings, wenn man wirklich hinschaut, gibt es leider keine bleibende Sicherheit oder Beständigkeit. Trotzdem brauchen wir alle das Vertrauen, dass es eine Basis gibt, die uns Stabilität vermittelt. Es ist wichtig zu lernen, dieses Vertrauen zu entwickeln, und zu erfahren, dass bestimmte Dinge uns ein Gefühl von Ruhe schenken und Sicherheit bieten.

Ist jemand in einem chronischen Schockzustand, kann er/sie häufig nur mit Mühe richtigen Kontakt mit seinem/ihrem Körper und der Umwelt aufnehmen. Jemand, der/die alleine zurückbleibt, vermeidet oft unbewusst die eigenen Gefühle von Unsicherheit und Zweifel. Dieses Vermeiden hilft möglicherweise eine Krise zu überleben, doch lernt diese Person dann nicht, wieder Schritt für Schritt für sich selbst zu sorgen und Sicherheit für sich selbst zu schaffen.

Eine andere Person, die direkt wieder auf die Suche nach einem neuen Partner geht, gerade nachdem er/sie ihren/seinen Partner verloren hat, überspringt dagegen wahrscheinlich den Schritt, die eigenen Wunden zu lecken und zu lernen, für sich selbst zu sorgen. Der neue Partner bekommt dann die ganze Verantwortung für die Sorge des anderen. Ein enormer Druck für den neuen Geliebten, was darum auch nur selten gut geht.

Wenn deine Beziehung erst vor kurzem beendet ist oder du deinen Partner verloren hast, kann es ratsam sein, dir erst die Zeit zu nehmen und zu lernen, wieder für dich selbst zu sorgen. So lernst du wahrzunehmen, was du selbst nötig hast, bevor deine ganze Energie sich wieder auf einen möglichen neuen Partner richtet. Wenn du dann wieder stärker auf eigenen Füßen stehst, hat eine neue Beziehung mehr Chancen zu gelingen. Die folgende, sehr einfache Übung kann dir hierbei helfen.

Halte für eine Woche oder mehr einen Schreibblock und einen Stift parat und schreibe jede Situation auf, in der du etwas getan hast, wodurch du dich körperlich gut fühlst und/oder ausgeglichener. Dabei kann es sich um ein entspannendes Bad mit einem angenehmen Duft darin handeln, einen Saunabesuch, einen Spaziergang, darum, dass du eine Karte an einen Freund geschrieben hast, dass du eine bestimmte Musik gehört oder die alten Zeitungen aussortiert hast … Denke dabei nicht an große Aktionen, sondern an ganz einfache Dinge, die du alleine ausführen kannst. Dinge, die dir ein Gefühl der Klarheit geben, wodurch du dich ein bisschen besser fühlst, dich entspannst, oder die dir ein zufriedenes Gefühl geben. Halte den Block in deiner

Nähe und schreibe direkt auf, wenn du eine kleine Sache tust, die eine positive Wirkung hat.

Was hat/hatte noch eine positive Auswirkung auf dich? Schreibe auch alles auf, was in deiner Vergangenheit eine gute Auswirkung hatte oder was du dir vorstellen kannst, was dir gut täte. Schreibe nur kurze und relativ einfache Handlungen auf, die nicht zu viel Energie kosten.

Mache schließlich eine Liste mit allen Aktivitäten und hänge sie an einen Ort, wo du sie regelmäßig siehst, zum Beispiel in einen Küchenschrank. Sorge dafür, dass mindestens dreißig Dinge aufgelistet sind, und ergänze die Liste, wenn dir noch mehr Ideen einfallen oder dir noch weitere wohltuende Handlungen auffallen.

Wenn du dann irgendwann merkst, dass es dir mal wieder nicht gut geht oder du nicht genau weißt, wie du dich fühlst, brauchst du nicht mehr stundenlang vor der Glotze zu hängen oder vor dich hin zu starren. Du brauchst dich noch nicht einmal mehr anzustrengen, dir zu überlegen, was dir gut tun könnte. Alles, was du in so einem Moment nötig hast, ist ein bisschen Disziplin, dich an den Ort zu bewegen, wo die Liste hängt, und dann einfach etwas von dem zu tun, was dort steht. Du wirst merken, dass du dich danach dann wieder etwas besser fühlst, etwas gesammelter, klarer.

Schulden begleichen

Manche Menschen fühlen sich fantastisch, nachdem sie selbst eine Beziehung beendet haben. Sie fühlen sich frei und leicht, als ob eine Last von ihren Schultern gefallen ist. Manchmal ist es aber auch genau anders herum: Wenn du derjenige bist, der/die gegangen ist, kann die Trauer deines Partners, den du verlassen hast, schwer auf dir lasten. Das Schuldgefühl hängt sich wie ein dunkler Schleier um dich herum. Und selbst wenn du weißt, dass es keinen anderen Ausweg gab, als die Beziehung zu beenden, fühlst du dich doch belastet und schuldig, dass du diesen Schritt gemacht hast. Langfristig kann dieses Schuldgefühl den Beginn

einer neuen Beziehung sabotieren. Du hast deinem Ex wehgetan und findest darum (teilweise oder ganz unbewusst), dass du es eigentlich nicht mehr verdienst, selbst mit einem neuen Partner glücklich zu werden. Selbst wenn alle Freunde sagen, dass du in deiner Vergangenheit das Beste getan hast, was du den Umständen entsprechend tun konntest, so ist die Schuld dennoch real für dich. Sonst würde sie nicht so schwer auf dir lasten.

Was kannst du tun, um diese Schuld aufzulösen? Es ist unwahrscheinlich, dass es darum geht, erneut die Beziehung mit deinem Ex-Partner aufzugreifen. Da gibt es nichts mehr zu klären. Das Schlimmste ist schon passiert, und die Beziehung ist vorbei. Es gab keine andere Möglichkeit. Vielleicht kannst du noch einen Brief an deinen Ex schreiben, in dem du dein Mitgefühl ausdrückst, dass du dem anderen wehgetan hast. Manchmal ist das sehr heilsam, aber es kann in einigen Fällen auch genau verkehrt ankommen. Darum ist es fraglich, ob so ein Brief passend ist.

Du kannst aber auch für dich alleine probieren, die Schwere aufzulösen. Du hast jemanden verletzt und unglücklich gemacht. Das ist eine Tatsache. Wie kann das Gleichgewicht nun wieder hergestellt werden? Indem du jemandem eine Freude machst.

Denke nach, was du tun könntest, um jemand anderen glücklich zu machen. Überlege dir in Ruhe, was hier möglich ist.

Du kannst zum Beispiel eine Spende für einen guten Zweck überweisen. Wenn du dich allerdings wirklich schuldig fühlst, ist diese Lösung zu einfach und wird nicht ausreichen. Wahrscheinlich hast du dann eher das Bedürfnis, etwas Konkreteres zu tun, etwas, das auch wirklich einen Einsatz von dir verlangt.

Was kannst du also konkret tun? Dem Gemeindeausschuss bei der Organisation und der praktischen Ausführung eines Straßenfestes für Kinder helfen? Die Einkäufe für eine Nachbarin erledigen, die nicht mehr gut laufen kann? Es macht eigentlich keinen Unterschied, wofür du dich entscheidest, solange du aus der Sackgasse gelangst, die durch die Schuldgefühle entstanden ist.

Wähle eine Aktivität aus und widme diese dem Wohl anderer. Tue etwas Gutes zum Andenken an deine Beziehung, die du beendet hast, und in Erinnerung an all die Dinge, die gut in eurer Beziehung waren. Hacke deine eigene Hand, die deinen Ex-Partner verletzte, nicht in Schuld ab, sondern tue genau das Gegenteil: Gebrauche die Hand dafür, anderen zu helfen. Eine Art einfache und konkrete Wiedergutmachung, die Ruhe bringt, die Schuld- und Schamgefühle reduziert und die das Gleichgewicht wiederherstellt.

Frei sein zu wünschen

Wenn zwei Menschen sich miteinander verbinden und eine Beziehung beginnen, geben sie immer einen Teil ihrer individuellen Pläne und Wünsche auf. Der eine will gerne Skifahren, der andere hasst Skifahren. Also fahren sie nicht in den Winterurlaub zum Skifahren. Der eine will hin und wieder Sex mit dem anderen, für den anderen ist das aber unausstehlich. Also wird es nichts damit. Der eine Partner will ein eigenes Zimmer, um seinem Hobby nachgehen zu können, der andere will lieber ein Gästezimmer. Wenn die beiden dann zusammenziehen, ist für das Hobby also kein Raum mehr.

Denke für einen Moment an die Zeit, als du noch mit deinem ehemaligen Partner zusammen warst. Welche Wünsche hattest du, bevor die Beziehung begann? Wünsche, die du innerhalb der Beziehung nicht gelebt hast und die dadurch in Vergessenheit geraten sind? Vielleicht hast du einige dieser Wünsche deinem Partner mitgeteilt, andere hast du möglicherweise geheim gehalten. Schaue dir die Wünsche und Bedürfnisse an, die du deinem Partner erzählt hast, und diejenigen, die sich in deiner eigenen Fantasie abspielten. Bedürfnisse, die du nicht mit deinem Partner besprochen hast, sondern stattdessen mit einer/m Freund/in. Schreibe diese Wünsche auf.

Nimm dir dann einen Moment Zeit, darüber nachzudenken, für welche Wünsche deines Ex-Partners du keinen Raum hattest. In manchen Beziehungen fühlen Menschen sich frei genug, sich gegenseitig alles zu sagen. Wenn dein/e ehemalige/r Partner/in dich umfassend darüber informierte, was er/sie fühlte, wird es dir nicht schwer fallen, eine Liste von seinen/ihren Bedürfnissen anzufertigen. Aber vielleicht waren die Signale, die er/sie gab, etwas subtiler und ihr habt nie offen über eure unausgelebten Wünsche gesprochen. Schreibe einfach das auf, was du weißt oder denkst, was dein/e Partner/in in seinem/ihrem Leben tun wollte, aber nicht getan hat, wegen eures Zusammenseins.

Stelle dir anschließend vor, dass dein Ex-Partner vor dir steht. Gib ihm/ihr jetzt die Zustimmung, genau das zu tun, was innerhalb der Beziehung nicht möglich war. Gib ihm/ihr die Freiheit zurück, alles zu tun und zu lassen, was er/sie will. Lies die Punkte auf der Liste laut vor. Während du den anderen vor dir siehst, sage zum Beispiel:

„Unsere Beziehung ist vorbei. Du bist jetzt frei, … zu tun. Du bist frei, … zu kaufen, ich gönne es dir. Du hast diese Dinge aus Respekt vor mir und unserer Beziehung vermieden. Die Beziehung ist jetzt vorbei, und du bist frei zu tun, was du willst. Ich wünsche dir dabei das Allerbeste. Ich danke dir, dass du es die ganze Zeit lang nicht getan hast, aus Respekt vor mir."

Anschließend nimmst du dir deine eigene Liste vor. Wiederum stellst du dir vor, dass dein Ex-Partner vor dir steht, und du liest ihm/ihr jeden Punkt laut vor. „Ich tat diese Dinge nicht aus Respekt vor dir. Auf diese Weise habe ich unsere Beziehung geehrt. Da unsere Beziehung nun vorbei ist, nehme ich mir das Recht zurück zu tun, was ich will. Ich bin jetzt frei. Ich habe diese Dinge aus freiem Willen unterlassen, um deine Grenzen zu respektieren. Nun, da unsere Beziehung vorbei ist, kann ich diese Dinge tun, wenn ich es will."

Es geht nicht darum, wirklich alle Punkte praktisch auszuführen, die auf der Liste stehen. Es geht vielmehr darum, dir das Recht zurückzunehmen, deine Wünsche zu spüren, und zu fantasieren, was du alles mit deinem Leben machen könntest. Und wenn du dann durch diese Übung inspiriert bist, einige deiner alten Wünsche in die Tat umzusetzen, so steht dir kein Partner mehr im Weg.

Ein eigenes Feuer entzünden

Eine Beziehung kommt meistens zu ihrem Ende, indem einer der beiden Partner dem Zweifeln ein Ende setzt und einen deutlichen Schritt macht. Der andere Partner kann dadurch das Gefühl bekommen, dass er/sie im Stich gelassen wird und dass der Bruch viel zu abrupt und unerwartet kam – obwohl alle Freunde und Bekannten des Paares schon seit langem dachten, dass es nicht mehr lange dauern würde, bis es zu einem Ende kommt. Der „Hinterbliebene" probiert häufig noch eine gewisse Zeit lang Kontakt mit dem Partner zu halten, der den Knoten gelöst hat, mit der Vorstellung, die Beziehung zusammen abrunden zu können. „Zusammen abrunden" ist allerdings eine Illusion, da es sich bei einem Bruch einer Beziehung im Wesentlichen genau darum handelt, dass jemand sich trennt, um seinen/ihren eigenen Weg zu gehen. Für den Zurückbleibenden wäre es dann auch besser, seine/ihre Aufmerksamkeit schnell wieder auf sich selbst zu richten, da alle Versuche, den Ex-Partner zu erreichen, nur unnötig viel Energie kosten.

In dem Moment, indem zwei Menschen sich verbinden und eine Beziehung beginnen, entzünden sie sozusagen ein kleines Feuer. Das kann man sich ganz konkret vorstellen: Beide Parteien kommen mit Stöcken und Brennmaterial zusammen, entzünden ein gemeinsames Feuer und passen auf, dass es gut brennt. Beide unterstützen und wärmen sich dadurch gegenseitig und profitieren von der Kraftquelle und dem Einsatz des anderen.

Wenn nun einer der beiden sich entschließt aufzubrechen, geht er/sie weg und zündet irgendwo anders ein eigenes, selbstständiges Feuer an. Der Partner, der weggeht, liefert also keinen Beitrag mehr für das gemeinsame Lagerfeuer. Während derjenige, der geht, sein/ihr eigenes Feuer an einem anderen Ort beginnt, bleibt der andere noch eine Zeit lang bei dem Feuer sitzen, das während der Beziehung von beiden genährt wurde. Dieses Feuer wird langsam kleiner, da es nun weniger Brennstoff bekommt und es kein gemeinsames Feuer mehr ist. Es gibt weniger Wärme und Licht, es hat weniger Kraft.

Wenn du selbst von einem Partner verlassen wurdest und noch eine Zeit lang probiert hast, die Beziehung zusammen mit dem anderen abzurunden, so bist du eigentlich noch immer damit beschäftigt, das ehemalige gemeinsame Feuer so hell und kraftvoll zu halten, wie es war, obwohl dieses Feuer nun nicht mehr von euch beiden genährt wird. Um zu dir selbst zurückkehren zu können, musst du das Feuer ausbrennen lassen und ein eigenes Feuer anzünden. Dadurch kannst du wieder auf eigenen Beinen stehen.

Nicht jeder hat einen Garten oder ein Stück Land, in dem man ein Feuer anzünden kann. Und wenn du noch nie zuvor ein Feuer gemacht hast, benötigst du vielleicht die Hilfe einer Freundin oder eines Freundes. Suche dir einen Ort, an dem du ohne Gefahr ein Feuer machen kannst. Bevor du damit beginnst, nimm dir einen Stapel Papier und schreibe auf jedes Blatt eine Eigenschaft, die gut an eurer Beziehung war, Dinge, die dich genährt und die dir Kraft gegeben haben. Schreibe auf, was dein Partner an der Beziehung schätzte, was ihm/ihr gut getan hat in eurem Zusammensein und von dir als Person. Auf einen anderen Stapel Papier schreibst du die Dinge, die zum Single-Sein gehören und die angenehm sind oder die du gut alleine tun kannst.

Mache zuerst ein Feuer, welches das Feuer von euch beiden symbolisiert. Brennt es, so nähre es mit dem ersten Stapel Papier, auf dem die Dinge stehen, die positiv an der Beziehung waren. Irgendwann hast du keine Blätter mehr, um das gemeinsame Feuer zu nähren. In dem Moment erinnere dich daran, dass dein Partner weggegangen ist. Werfe dann nichts mehr in dieses Feuer. Bleibe einfach da sitzen, bis du realisierst, dass dieses ehemalige gemeinsame Feuer dir immer weniger zu bieten hat. Spüre, wie es dir immer weniger Licht und Wärme gibt und langsam erlöscht. Wenn du bereit bist, das erste Feuer zu verlassen, stehst du auf. Gehe mindestens einige Meter von dem ersten Feuer weg und suche dir einen anderen Platz für dein neues, eigenes Feuer. Entzünde hier dein eigenes Feuer, und wenn es brennt, nähre es mit den Blättern, auf denen die Dinge stehen, die zum Alleinsein gehören, zum Leben ohne deinen Ex-Partner. Wenn alle Zettel verbrannt sind, realisiere, dass du dieses neue Feuer jederzeit neu entfachen kannst. Du kannst es so groß oder klein halten, wie du selbst willst. Es liegt in deiner Kontrolle. Und du kannst es auch ausbrennen lassen, wenn die Zeit gekommen ist, mit einer neuen Person ein gemeinsames Feuer anzuzünden.

Ringe begraben

Fertige eine Liste an mit allen Beziehungen, die du bisher gehabt hast. Schreibe sowohl die Menschen auf, mit denen du nur ein kurzes Abenteuer hattest, als auch die Menschen, mit denen du wirklich eine „echte" Beziehung hattest. Besorge dir dann eben so viele Ringe, wie Menschen auf deiner Liste stehen. Die Qualität der Ringe ist nicht wichtig. Es können einfache Eisenringe aus dem Haushaltswarengeschäft sein oder Plastikringe aus dem Bastelbedarf. Vielleicht kaufst du für alle Personen auf deiner Liste den gleichen Ring oder du möchtest für jede Beziehung einen passenden Ring aussuchen. Du kannst auch für Personen Ringe kaufen, in die du sehr verliebt warst, auch wenn ihr niemals zusammen gewesen seid. Wenn du viele einzelne oder anonyme Sexkontakte gehabt hast, kannst du für all die Menschen zusammen einen Ring nehmen oder auch einen Ring für die guten und einen Ring für die nicht so guten Erfahrungen dabei. Das Ziel dieses Rituals ist, dass du am Ende, nachdem du dich von den verschiedenen Partnern auf eine passende Weise verabschiedet hast, alle Ringe begraben wirst.

Überlege dir zuerst, in welcher Reihenfolge du die Verbindungen mit deinen Ex-Partnern lösen willst. Du kannst dabei chronologisch vorgehen, das heißt, dass du mit deiner allererstenten Liebe oder dem ersten Partner beginnst. Danach kommt der zweite Partner, anschließend der dritte etc., bis du schließlich

alle Partner hinter dir gelassen hast und zurück ins Hier und Jetzt gekommen bist. Eine andere Möglichkeit ist es, dass du bei den Menschen beginnst, die dir nicht so viel bedeutet haben, und bei den Beziehungen endest, die dir am wichtigsten waren. Oder du fängst bei den weniger angenehmen Erlebnissen an und kommst dann letztendlich zu den Menschen, mit denen du die schönsten Erinnerungen hast.

Nachdem du dich für eine Reihenfolge entschieden und die Menschen dementsprechend sortiert hast, beginne dann bei der ersten Person auf dieser Liste. Lies seinen oder ihren Namen vor und nimm den dazugehörigen Ring. Halte den Ring in deiner Hand und denke für einen Moment an die Zeit zurück, an alles, was du mit dieser Person erfahren hast. Stelle dir vor, dass die andere Person vor dir sitzt (so nahe oder weit weg, wie du es als angenehm erfährst) und sage ihm/ihr die Dinge, die noch zu sagen sind. Dann verabschiede dich noch einmal. Vielleicht sagst du: „Was zwischen uns gewesen ist, war gut. Es ist jetzt vorbei, und ich will voranschreiten und in die Zukunft gehen. Danke für alle guten Erfahrungen, die wir hatten. Diesen Ring – das Symbol für unsere Verbundenheit – lasse ich nun los, so dass ich frei bin für neue Partner." Bleibe bei einfachen und respektvollen Worten. Verabschiede dich von allen Ex-Partnern mit einem freundlichen Gruß. Zum Beispiel: „Ich wünsche dir alles Gute für dein weiteres Leben." Du brauchst keine langen Monologe für deine Ex-Partner zu halten, die du dir vor deinem inneren Auge vorstellst. Ein paar zutreffende Worte, die sorgfältig und mit Achtsamkeit gewählt wurden, sagen oft mehr und haben einen größeren Effekt als zwanzig Minuten Gerede. Nimm dir darum auch wirklich die Zeit, deine Erinnerungen auszukosten, bevor du beginnst, deine Worte auszusprechen. Überlege dir, was hier die passende Weise ist, Abschied zu nehmen.

Wann hast du genug gesagt? Ganz einfach: wenn nach deinen eigenen Worten eine gewisse Ruhe über dich kommt. Wenn du allerdings spürst, dass dein Herz noch schneller schlägt oder du irgendwie unruhig wirst, gibt es wahrscheinlich noch mehr zu klären. Sprich für dich selbst dann die Frage aus: „Was macht mich jetzt unruhig? Was stört mich?" Die Antwort wird dann wahrscheinlich direkt aufscheinen. Sage dann anschließend das Passende. Vielleicht hast du in der Vergangenheit den anderen belogen oder nicht so elegant gehandelt. Sage dann zum Beispiel: „Ich habe damals Fehler gemacht, ich habe nicht immer richtig gehandelt. Ich weiß, dass ich dich verletzt habe. Es tut mir leid, dass ich damals so gehandelt habe. Durch meine Erfahrungen habe ich gelernt, dass ich besser nicht mehr auf diese Art und Weise handeln sollte. Ich nehme mir vor, diese Dinge in Zukunft nicht mehr zu tun. Ich lasse dich gehen und wünsche dir das Beste."

Es wäre auch möglich, dass der andere dir etwas vorgelogen oder angetan hat, was dich immer noch wurmt. Wenn er/sie dich verletzt hat, kannst du zum Beispiel sagen: „Du hast mich verletzt. Ich habe das lange mit mir rumgetragen, doch will ich es jetzt hinter mir lassen. Es gehört der Vergangenheit an, und ich lasse dich gehen. Durch deine Handlungen habe ich es schwer gehabt, und in der Zukunft werde ich besser auf mich achten, so dass mir das nicht wieder geschieht. Mit diesem Ring lasse ich dich und auch die Verletzungen los und schaue in die Zukunft."

Bei manchen Partnern dauert es vielleicht nur ein paar Sekunden, bis du ein Gefühl der Ruhe hast und es sich abgerundet anfühlt. Bei anderen dauert es möglicherweise fünf Minuten oder eine Viertelstunde. Vielleicht sagst du einfach nur: „Das, was wir miteinander hatten, war gut. Danke für diese Zeit." Vielleicht ist es aber auch eine ganze Geschichte. Nimm dir für jeden Partner so viel Zeit, wie du brauchst. Das Ritual muss nicht an einem Tag abgeschlossen werden. Du kannst dir auch an mehreren Tagen immer wieder etwas Zeit hierfür nehmen.

Nachdem du gesagt hast, was es noch zu sagen gab, legst du den Ring, den du dafür in deiner Hand gehalten hast, weg. Bewahre alle Ringe zum Beispiel in einer Dose auf, bis du die Gelegenheit hast, sie im Garten, Park oder irgendwo in der Natur zu begraben. Vielleicht schneidest du auch jeden Ring mit einer Zange oder Metallschere noch durch, um auf diese Weise den Kreis der Verbundenheit zu durchbrechen. Nachdem du den Ring durchgeschnitten und/oder weggelegt hast, stelle dir vor, dass du jetzt ebenso wie dein Ex-Partner wirklich frei bist, neue

Wege zu gehen. Die guten Dinge bestehen auch weiterhin und leben als Erinnerungen weiter. So nehmen sie nicht mehr Raum ein, als hierfür angemessen ist. Letztendlich begräbst du dann alle Ringe irgendwo und lässt sie und die Verbindungen somit zurück.

Bringe sie nach draußen

Schreibe die Namen aller Ex-Partner auf und von allen Personen, in die du wirklich verliebt warst. Jeden Namen schreibst du auf einen einzelnen Zettel. Hierfür kannst du einfache Zettel aus einem Block verwenden oder schlichte weiße Karten. Wenn du mehr Zeit in diese Übung investieren möchtest, kannst du für jede einzelne Person auch eine spezielle Karte kaufen. Lege anschließend alle Karten mit dem Namen nach oben nebeneinander und betrachte sie. Realisiere, dass jede Person, deren Namen du hier aufgeschrieben hast, auf eine bestimmte Art noch immer einen Platz in deinem Haus oder in deinem Leben hat. Doch eigentlich willst du mehr Raum, Raum für einen neuen Partner. Um diesen Platz zu schaffen, wird jetzt aufgeräumt. Das erreichst du, indem du jede Karte an einen passenden Ort bringst. Was wäre der beste Ort für jedes Individuum, dessen Namen du aufgeschrieben hast? Wenn einer deiner Ex-Partner den Strand und das Meer liebte, kannst du zum Beispiel zum Strand fahren und dort das Kärtchen mit seinem/ihrem Namen im Wind wegwehen lassen. Liebte deine Ex-Freundin es, ein Schnäpschen zu trinken, so kannst du in eine nette Kneipe oder Café gehen und den Zettel dort auf dem Lesetisch zwischen den Zeitschriften hinterlassen. Auf den Zetteln braucht nur der Vorname zu stehen, ohne Nachname, so dass kein Risiko besteht, dass jemand den Namen eines Ex-Partners erkennt. Arbeitete dein Ex gerne im Garten und liebte er Pflanzen über alles, wirf den Zettel nach Ladenschluss in den Briefkasten eines Blumenladens oder gehe in den botanischen Garten und verstecke ihn dort zwischen den Büschen.

Auf diese Weise bringst du jeden ehemaligen Partner an einen Ort, wo du ihn/sie mit ruhigem Herzen hinterlassen kannst.

Du wirst merken, dass diese Methode wirklich hilft aufzuräumen. Es dauert zwar eine Weile, jeden Zettel an einen passenden Ort zu bringen, aber du brauchst diese Übung auch nicht innerhalb weniger Stunden oder einer Woche abzuschließen.

Das Puppenhaus

Nimm dir einen großen Bogen Papier und zeichne darauf ein Haus mit verschiedenen Etagen. Zeichne das Haus ohne die Fassade, so dass du alle Räume, wie beispielsweise das Wohnzimmer, Schlafzimmer und Badezimmer, sehen kannst. Denke auch an andere Räume wie Flure, Dachboden und/oder Keller, und möglicherweise gibt es auch noch eine Vorratskammer oder einen Schuppen am Haus. Das Haus steht symbolisch für deinen inneren Raum – für dich selbst.

Zeichne nun auf einem anderen Bogen Papier die Umrisse von einfachen Figuren und schreibe auf jede einzelne den Namen eines deiner Ex-Partner. Schneide die Puppen anschließend aus. Fertige auch Figuren für die Partner an, mit denen du geschlafen hast, ohne eine feste Beziehung mit ihnen gehabt zu haben. Berücksichtige obendrein diejenigen, mit denen du nur einmal Kontakt hattest, selbst wenn es sich um negative Erfahrungen handelte. Denke auch an deine Idole und Vorbilder, als du jünger warst, die Rockstars, in die du total verliebt warst, genau wie andere Verliebtheiten, bei denen es nicht zu einer Beziehung gekommen ist. Schreibe auf jede Figur den passenden Namen und lege sie auf die Zeichnung des Hauses. Suche für jede Puppe den passenden Platz aus. Manche haben sich vielleicht im Schrank versteckt, andere liegen möglicherweise noch immer neben dir im Bett oder nehmen das halbe Wohnzimmer in Besitz. Nimm dir die Zeit und betrachte alles gut. Stimmt es, was du siehst? Müssen manche Figuren vielleicht neu gemacht werden, zum Beispiel größer, da sie noch immer von großer Bedeutung für dich sind oder noch immer viel Raum einnehmen? Versuche, das sichtbar zu machen, was du innerlich fühlst. Stelle dir jetzt vor, du hättest einen neuen Partner gefunden. Versetze dich kurz in diese Person. Wie wäre es für ihn/sie, dieses Haus zu betreten? Gibt es da überhaupt noch Platz? Versuche, aus der Perspektive des neuen, gedachten Partners durch das Haus zu laufen und alles zu betrachten. Welche Ex-Partner stören dich im Besonderen? Gibt es auch welche, die dich überhaupt nicht stören oder deren Anwesenheit du vielleicht sogar schätzt? Untersuche und überprüfe gründlich deine Urteile und Gefühle in der Rolle eines zukünftigen Partners. Überlege dir anschließend mögliche Lösungen für die Verhältnisse, die dir nicht gefallen. Verändere zum Beispiel von einigen Puppen den Platz, an dem sie sich befinden, oder setze sie freundlich, aber bestimmt vor die Tür. Andere Figuren lässt du vielleicht an ihrem Platz, willst jedoch, dass sie nicht mehr so viel Raum einnehmen. Dann kannst du kleinere Puppen für diese Personen anfertigen. Diese Übung kannst du auch eventuell mit einem Freund/Freundin zusammen durchführen. Lege ihm/ihr dann die Zeichnung des Hauses mit den Puppen darin vor und bitte sie/ihn, sich in die Rolle eines zukünftigen Partners zu versetzen und die Situation zu beurteilen. Höre genau hin, was er/sie dir zu sagen hat. Sprecht dann zusammen über die neuen Plätze der Ex-Partner. Arbeitet so lange daran, bis der „neue" Partner das Gefühl hat, dass genug Raum für ihn/sie entstanden und vorhanden ist. Es geht hierbei nicht darum, alle Ex-Partner aus dem Haus zu jagen. Jede/r ehemalige Geliebte ist Teil deiner Vergangenheit und hat ein Recht auf seinen/ihren Platz, da er/sie ein Teil von dir ist. Experimentiere in dieser Übung mit ihrem Platz, schiebe sie hin und her und gib ihnen die passende Größe. Handle dabei nach deinem eigenen Gefühl und dem Urteil deines „neuen Partners", bis eine ausgeglichene Situation entstanden ist.

Sachen aufräumen

Nimm dir etwas zu schreiben und gehe durch deine eigene Wohnung. Mache eine Bestandsaufnahme von allen Dingen, die für dich verbunden sind mit früheren Beziehungen. Welche Dinge hast du von ehemaligen Partnern bekommen, was haben sie hinterlassen? Gibt es Dinge, die du dir ausgeliehen und bisher nicht zurückgegeben hast? Welche Gegenstände befinden sich von ihnen noch in deiner Wohnung? Mache eine vollständige Liste mit allen Dingen. Beurteile danach bei jedem Gegenstand, was du dabei empfindest, dass diese Dinge sich noch in deinem Haus befinden: angenehm, neutral, belastend, schön, beschämend ... Überlege dir anschließend, welche dieser Gegenstände eigentlich weg könnten. Triff für jedes Ding auf deiner Liste eine bewusste Entscheidung. Vielleicht müssen manche Gegenstände an einen anderen Ort gestellt werden. Manche Dinge willst du vielleicht nicht weggeben, aber du willst sie auch nicht jeden Tag sehen. So könntest du sie eventuell in einer Kiste aufbewahren. Einen anderen Gegenstand willst du vielleicht verbrennen oder an jemanden geben, der sich darüber freuen würde. Möglicherweise gibt es auch noch Dinge, die du an deinen Ex-Partner zurückgeben willst. Indem du bei jedem Gegenstand eine bewusste Entscheidung fällst, entsteht mehr Klarheit und gleichzeitig auch (wortwörtlich) mehr Platz in deinem Haus.

In Ehre wieder gutmachen

Für einen früheren Partner können noch so starke Gefühle da sein, dass du nicht mehr weißt, welche Beziehung du jetzt ei-

gentlich mit ihm/ihr hast. Wenn man einem wichtigen Ex-Partner keinen deutlichen Platz geben kann, ist es schwierig, diese alte Beziehung gut abzurunden, da die notwendigen Schritte, wie Abschied nehmen und sich distanzieren, nicht wirklich vollzogen werden können.

Hast du das Gefühl, dass es in deinem Leben noch gewisse Ex-Partner gibt, die dir gefühlsmäßig noch sehr nahe stehen oder die du ohne einen richtigen Abschied aus deinem Leben verbannt hast, da er/sie noch so viel für dich bedeutete? Dann kann es eine gute Idee sein, ihm/ihr für eine bestimmte Zeit einen schönen Platz zu geben. Stelle zum Beispiel ein Foto deines Ex-Partners an einen besonderen Platz, an dem du ihn/sie oft sehen kannst. Wenn dabei noch Gefühle nach oben steigen, sprich sie einfach in Richtung Foto aus. Setze dich aber nicht stundenlang vor das Foto, heulend und flehend, dass der andere wieder zu dir zurückkommen soll. Dadurch wirst du dich nämlich nur schlechter fühlen. Besser kannst du in Würde Worte aussprechen wie: „Du hast einen großen Platz in meinem Leben eingenommen. Am liebsten wäre ich mit dir zusammen weitergegangen. Das ist nicht passiert, und das tut mir leid. Ich habe keine andere Wahl mehr. Darum lasse ich dich jetzt gehen. Ich richte mich jetzt auf die Zukunft aus und schaue, ob ich eine neue Person willkommen heißen kann, die ich lieben kann. Ich möchte dir auch weiterhin einen Platz in meinem Herzen geben, und ich will auch Raum fühlen für einen anderen."

Jedes Mal, nachdem du einige Minuten deinen Gefühle gewidmet und sie zum Ausdruck gebracht hast, beendest du deine

Worte mit dem Entschluss, in die Zukunft zu blicken und dich für das zu öffnen, was dort auf dich wartet, auf einen anderen, der/die dich liebt. Du wirst wahrscheinlich bemerken, dass nach einiger Zeit etwas in dir zur Ruhe kommt. Wie von selbst wirst du immer weniger auf das Foto achten. Das ist dann der richtige Zeitpunkt, diesem Partner im wahrsten Sinne des Wortes einen weniger sichtbaren, weniger speziellen Platz zu geben, zum Beispiel indem du das Foto an einem anderen Ort aufbewahrst, in die Schublade tust oder ein kleineres Foto der Person an einen anderen Platz stellst.

Aus einem anderen Blickwinkel betrachtet

Mit Hilfe der folgenden Übung erhältst du die Möglichkeit, deine früheren Beziehungen aus einem anderen Blickwinkel zu betrachten und auf diese Weise durch neue Einsichten mehr Abstand zur Vergangenheit zu gewinnen. Für diese Übung benötigst du: etwas zum Schreiben, Papier, zwei Stühle und mehrere alte Fotos von dir. Verwende für jeden Ex-Partner ein eigenes Blatt Papier und schreibe seinen/ihren Namen darauf. Nachdem du alle Namen aufgeschrieben hast, suche zu jedem Ex-Partner ein passendes Foto aus der Zeit dieser Beziehung.

Beginne dann mit der ersten Beziehung. Lege auf den einen Stuhl den Zettel mit dem Namen der entsprechenden Person und auf den anderen Stuhl das Foto von dir aus der Zeit dieser Beziehung. Wenn es sich um eine langjährige Beziehung handelt, kannst du auch mehrere Fotos von dir auf den Stuhl legen.

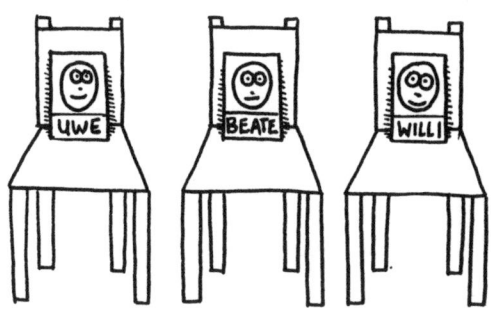

Setze dich nun auf den Stuhl deines Ex, schaue für einen Moment auf die Fotos von dir auf dem anderen Stuhl und schließe dann die Augen. Versuche ganz bewusst die Rolle deines Ex-Partners einzunehmen, schlüpfe in seine/ihre Haut. Öffne dann deine Augen und betrachte dich selbst, die Fotos von dir, aus den Augen deines Ex. Welche Gefühle und Gedanken tauchen auf? Vielleicht fühlst du nicht viel. Oder du bist überrascht von der Klarheit und der Menge der Emotionen. Nachdem du dir ausreichend Zeit genommen hast, deine Gefühle und Gedanken zu untersuchen, kannst du nun auch etwas sagen. Wenn du Dinge aussprichst, beachte dabei, dass die Übung bezweckt, die Beziehung da, wo es nötig ist, abzurunden. Vielleicht fühlst du, während du auf dem Stuhl deines Ex-Partners sitzt, dass dir die Person auf dem Foto viel wertvoller ist, als du (als Ex) jemals ausgedrückt hast. Vielleicht kommt auch etwas ganz anderes, etwas Überraschendes nach oben. Zum Beispiel dass du dich schuldig fühlst, weil du die Person auf dem Foto eben nicht so richtig geliebt hast. Überprüfe alle Gefühle, es geht hier nicht darum, die exakten Tatsachen in Erinnerung zu rufen. Sprich einige Sätze, wodurch ein Abschied in Frieden möglich wird. Sage zum Beispiel: „Ich liebe dich mehr, als ich früher zum Ausdruck gebracht habe. Es ist schade, dass ich damals nicht in der Lage war, dies zu vermitteln. Ich wäre gerne mit dir weitergegangen, aber das war scheinbar nicht vorgesehen. Ich verabschiede mich von dir und werde die guten Erinnerungen in Ehre halten."

Eine andere Möglichkeit wäre: „Ich spüre, dass ich Dinge getan habe, die dich verletzt haben und über die wir nie gesprochen haben. Es tut mir leid, dass ich nicht ehrlich gewesen bin. Jetzt, nachdem ich älter geworden bin, würde ich es anders tun. Ich danke dir für dein Vertrauen, das du in mich hattest." Suche nach Worten, die das ausdrücken, was du fühlst, und die respektvoll sind.

Wenn du fertig bist, stehst du von dem Stuhl auf. Behalte im Gedächtnis, dass die Gefühle und Bilder, die du auf dem Stuhl deines Ex-Partners erfahren hast, nicht mit der Wirklichkeit, mit seiner/ihrer Wirklichkeit, oder mit wirklich geschehenen Tatsachen übereinstimmen müssen. Während der Übung tauchen Bilder und Gefühle auf, die dir helfen, die Beziehung gut abzuschließen. Vielleicht sind es die echten Gefühle und Gedanken deines ehemaligen Partners, aber genauso gut können sie auch aus deinem eigenen Unterbewusstsein kommen. Lasse sie darum auch los, wenn du den Platz deines Ex-Partners verlässt. Wenn du möchtest, kannst du dich noch für einen Moment auf deinen eigenen Stuhl setzen, auf dem deine Fotos lagen. Vielleicht gibt es noch etwas, was du nun sagen willst, nachdem du deinen Ex gehört hast. Es ist auch möglich, dass dies nicht mehr nötig ist und du die Übung direkt abrundest. Zum Beispiel, indem du den Zettel mit dem Namen deines Ex-Partners von dem Stuhl nimmst. Diesen Zettel kannst du dann verbrennen oder erst noch bewahren und dann zu einem späteren Zeitpunkt alle Namenschilder zusammen entsorgen, nachdem du mit allen Ex-Partnern gearbeitet hast.

Wenn du fertig bist mit einem Partner, kannst du normalerweise direkt mit dem nächsten beginnen. In einigen Fällen kann es aber auch so intensiv sein, was du an der Stelle deines ehemaligen Partners erfährst, dass es dich sehr berührt und du dir besser erst etwas Zeit gönnen solltest, alles zu integrieren und zur Ruhe kommen zu lassen. Nimm die Übung dann am gleichen Tag oder einige Tage später wieder auf und führe sie mit allen deinen Ex-Partnern durch.

Sprich nichts Schlechtes (mehr)

Wie sprichst du mit anderen über deine Ex-Partner? Mit Respekt, erniedrigend, mit Wut oder Mitleid? Es ist gut, auch einen Moment darüber nachzudenken. Mache eine Liste mit allen Namen deiner Ex-Partner. Schreibe hinter jeden Namen mit ein paar Stichworten, wie du über ihn/sie denkst und sprichst. Frage deine Freunde, wie du über die entsprechenden Personen sprichst und wie sie dies finden. Vielleicht musst du feststellen, dass du ohne Respekt an deine ehemaligen Geliebten zurückdenkst, dass du noch immer probierst, deinen/deine Ex zu erniedrigen, selbst wenn ihr nicht mehr zusammen seid. Möglicherweise erzählst du im Zusammensein mit anderen Menschen Dinge über den/die Ex, die eigentlich zu intim sind, um sie einfach so weiterzuerzählen. Oder du regst dich weiterhin über den anderen auf, als ob du noch immer beweisen müsstest, was für ein Scheißkerl/blöde Ziege der/die andere ist. Wenn du auf diese Weise über einen früheren Partner sprichst, bist du nicht wirklich begehrenswert für einen neuen Partner! Wenn du jetzt mit Geringschätzung über die Menschen sprichst, die dir irgendwann einmal sehr nahe standen, wirst du wahrscheinlich am Ende einer neuen Beziehung ebenso negativ über den anderen herziehen.

Natürlich brauchst du nicht allem zuzustimmen, was in den früheren Beziehungen passiert ist. Aber probiere einmal, so über ihn/sie zu sprechen, dass du ihn/sie nicht ständig erniedrigst oder als kleiner, schlechter, dümmer und weniger wert abstempelst. Beschütze dich und deinen Ex-Partner, indem du die delikaten Momente, in denen dein Ex verwundbar war, nicht lächerlich machst oder sie als erniedrigende Anekdoten in der Kneipe herumerzählst. Lasse deine Ex-Partner in ihrem Wert. Das kann dir helfen, frühere Beziehungen mit mehr Respekt und Wertschätzung zu betrachten. Und – mit Respekt weckst du mehr Vertrauen und bist dadurch begehrenswerter als neuer Partner für jemanden, der/die auf der Suche ist ...

Was gut war

Mit jeder Person, mit der du über kurze oder längere Zeit intim warst oder bist, lernst oder bekommst du etwas Neues. Wenn du auf deine früheren Partner zurückschaust, kannst du die Dinge sehen, die dein Leben bereichert haben und die du von ihnen bekommen hast. Der eine hat dir gezeigt, was es heißt, das Herz zu öffnen, ein anderer hat dich Seiten beim Sex erfahren lassen, die dir ganz neu waren, und bei einem Dritten hast du etwas über gute Kommunikationsarten gelernt. Es können auch ganz praktische Aspekte sein: Ein bestimmter Ex hat dich zum ersten

Mal in ein japanisches Restaurant eingeladen, und das ist jetzt dein Lieblingsessen. Oder er oder sie schenkte dir ein Buch von einem bestimmten Autor, der dich sehr berührte.

Fertige jetzt eine Liste an mit mindestens zehn bis fünfzehn bedeutungsvollen Geschenken, die du von deinen Ex-Partnern bekommen hast. Kaufe anschließend genauso viele schöne Blumen wie Punkte, die du aufgeschrieben hast, und stelle sie in eine Vase. Hänge an jede Blume ein Kärtchen, auf dem das Geschenk, sein/ihr Beitrag für dein Leben jetzt, neben dem Namen des Ex-Partners, der dir diese Erfahrung geschenkt hat, geschrieben steht. Genieße den Blumenstrauß in den kommenden Tagen. Meditiere dabei, nimm diese Geschenke erneut auf. Bedanke dich in deinem Herzen bei deinen Ex-Partnern für diese Bereicherungen und positiven Veränderungen, die durch sie in dein Leben gekommen sind.

Nach einigen Tagen werden die Blumen beginnen zu welken. Wirf sie nicht direkt weg und gib ihnen auch kein neues Wasser. Nimm stattdessen Abschied von der Vergangenheit. Die guten Dinge der Vergangenheit verinnerlichst du vollständig in dir, sie werden Teil deiner selbst. Doch was war, ist vorbei. Und darum lässt du es mit den Blumen vergehen.

Wenn die Blumen völlig verblüht oder ausgetrocknet sind, wirfst du sie fort. Lasse die Vase aber noch für eine Weile an einem Platz stehen, an dem du sie immer wieder sehen kannst.

Setze dich auch zwischendurch vor diese Vase, betrachte sie, meditiere über diese leere Vase, träume vor dich hin, was immer du willst. Die Vase bleibt leer als Symbol für die neuen, unbekannten Dinge, die du von einem neuen Partner bekommen kannst. Dinge, die du dir jetzt noch nicht vorstellen kannst, die eine Überraschung für dich sein werden. Begrüße diese neuen Geschenke in Gedanken. Öffne dich dafür.

Entferne die Hornhaut

Wenn der Umgang mit anderen zu einem traumatischen Ende kommt, können Anspannungen und Verkrampfungen auf der physischen, emotionalen und mentalen Ebene entstehen. Vor allem wenn einem dieser Schaden am Ende eines langen und tiefen Kontaktes, nach einer mehrjährigen Partnerschaft, zugeführt wird. Durch manche Erfahrungen entsteht eine Art Hornhaut, so dass die Vorfälle einen nicht mehr so tief berühren können. Hornhaut formt sich dann, wenn ein zusätzlicher Schutz benötigt wird. Und genau wie sich bei harter körperlicher Arbeit Hornhaut an den Händen entwickelt, so entsteht auch langsam eine „Hornhaut" auf deiner Persönlichkeit, wenn du schwierige Perioden mit Menschen durchlebst, die dir nahe stehen/standen. Auf diese Weise beschützt du dich selbst, du wirst unsensibler im direkten Umgang mit anderen. Der Vorteil ist, dass du dann weniger verletzlich bist. Ein Nachteil ist dagegen, dass du dich nicht so weich für andere anfühlst, dass du einen härteren Eindruck machst. Außerdem nimmt deine Sensitivität für die subtilen Signale anderer ab. Hornhaut ist buchstäblich eine extra Schicht zwischen dir und dem/derjenigen, mit dem/der du in Kontakt stehst oder kommen willst.

Mache eine Liste mit unangenehmen Erfahrungen, die du in Zeiten von Verliebtheit, in kurzen oder langen Beziehungen oder bei der Kontaktaufnahme mit anderen gemacht hast. Du brauchst nicht jede einzelne Erfahrung aufzuschreiben, sondern nur die Vorfälle, bei denen du das Gefühl hast, dass sich dadurch etwas in dir verhärtet hat. Vielleicht erinnerst du dich auch noch an

Vorfälle, die sich zwischen dir und deinen Eltern ereignet haben oder mit deinen Geschwistern oder früher in der Schule. Wähle zu Beginn der Übung eine Situation aus, die eine gewisse Spannung hat, aber nicht direkt die heftigsten Reaktionen hervorruft. Denke kurz zurück, was in dieser Situation tatsächlich passiert ist. Versetze dich so gut es geht für diesen Moment zurück in die Vergangenheit. Spüre die Wirkung, die diese Situation damals auf deinen Körper, deine Gefühle und dein Denken gehabt hat. Notiere genau das, was du fühlst: Fühlt es sich kalt an, warm, zusammenschrumpfend, ausgedehnt, hell oder dunkel? Achte vor allem auf die subtilen Signale deines Körpers, so dass du genau feststellen kannst, wo und an welcher Stelle sich diese Erfahrung festgesetzt hat.

Visualisiere dann den Effekt dieser Erfahrung als Materie, die sich in deinem Körper befindet. Stelle dir zum Beispiel vor, dass sich an der Stelle in deinem Körper, an der du die stärksten Folgen spürst, eine Flusenansammlung oder eine andere Art Verstopfung befindet. Gib dieser Verstopfung eine deutliche Farbe und Form. Stelle dir vor, dass dein physischer Körper ein leerer Raum ist, in dem diese Flusenansammlung an einer bestimmten Stelle in der Luft hängt und dort schwebt. Lasse sie nun langsam in Richtung Außenseite deines Körpers schweben. Die Verstopfung strömt allmählich und ohne Mühe zu deiner Haut. Zusammen mit der Flusenansammlung fließen auch subtile Verhärtungen und Spannungen aus deinem Körper, aus deinen Muskeln, Geweben und Organen, zur Haut. Jetzt stelle dir vor, wie diese Flusenansammlung durch deine Haut nach draußen dringt und auf der Außenseite deiner Haut eine dünne Verhärtung bildet, ein Schutzschild, eine Hornhaut.

Führe diesen Teil der Übung mehrere Male hintereinander aus. Nimm dir genug Zeit, einige Male die Wirkung der unangenehmen Erfahrung zu fühlen, wo sie sich im Körper manifestiert. Stelle dir deinen Körper als leeren Raum vor, in dem eine Staubansammlung schwebt, die sich schließlich zur Außenseite deines Körpers bewegt und auf der Oberfläche der Haut zu Hornhaut wird.

Nimm dir dann in Gedanken einen Bimsstein und stelle dir vor, wie du die Hornhaut langsam, aber gründlich abreibst.

Massiere danach deine Haut in Gedanken (oder auch in Wirklichkeit) mit einem herrlichen Körperöl. Massiere die Haut, bis sie weich und glatt ist. Wenn du hiermit fertig bist, fahre nicht direkt mit der nächsten Erfahrung auf der Liste fort. Stattdessen machst du am folgenden Tag die gleiche Übung noch einmal mit derselben Situation. Nimm die gleiche Erfahrung als Ausgangspunkt und durchlaufe den Prozess wieder einige Male hintereinander. Auf diese Weise hat die Übung eine bleibende reinigende Wirkung. Im Laufe der nächsten Wochen oder Monate kannst du dann auch die anderen Punkte deiner Liste bearbeiten.

Diese Übung macht dich nicht schutzlos oder verletzlich: Schließlich bleiben dein Gedächtnis und dein Verstand intakt, und du bist nicht mehr so naiv wie früher. Du hast aus der Vergangenheit gelernt und bist wachsam, aber gleichzeitig bleibst du in Gedanken daran jetzt entspannt. Mit Hilfe dieser Übung befreist du dich von der Spannung.

Man kann es mit der Situation vergleichen, dass du in ein heftiges Unwetter kommst und klitschnass wirst. Das ist eine unangenehme Erfahrung, du fühlst dich kalt und unwohl und willst das nicht noch einmal erleben. Was kannst du also tun? Zu Hause sitzen bleiben? Dann bleibst du auf jeden Fall trocken. Diese Lösung ist aber ein bisschen drastisch, da du auf der anderen Seite auch nichts mehr erleben würdest. Eine andere Alternative wäre, jedes Mal wenn du nach draußen gehst, eine Regenjacke anzuziehen – egal ob die Sonnen scheint oder nicht. Auf diese Weise bist du auf jeden Fall beschützt, auch wenn plötzlich ein Sturzregen ausbricht. Immer eine Regenjacke zu tragen hilft dir zwar, nicht mehr nass zu werden, sollte es dann irgendwann einmal regnen. Aber eigentlich ist es eine übertriebene Reaktion. Es wäre aber angenehmer, die Regenjacke auszuziehen und in eine Tasche zu tun, wenn die Sonne scheint, anstatt immer mit einem Panzer umherzulaufen, denn so kannst du besser auf die Wolken achten. Dann wenn die ersten Regentropfen fallen, kannst du immer noch deine Regenjacke anziehen oder dich irgendwo unterstellen. Auf diese Weise kannst du auch das Entfernen der „Hornhaut" in dieser Übung sehen.

Durch deine Lebenserfahrungen lernst du, bedrohende Situationen frühzeitig zu erkennen, und dann kannst du die passenden Handlungen ausführen. Es ist nicht nötig, permanent einen schützenden Panzer zu tragen.

Brich alte Verbindungen

Schneide aus Karton kleine Figuren für alle Personen aus, in die du jemals wirklich verliebt warst (wozu auch Popstars und Lehrer/innen gehören können), für alle Personen, mit denen du eine Beziehung hattest, und für alle Menschen aus deinem Freundeskreis, die eine Art Ersatzpartner für dich waren, als du keine „echte" Beziehung hattest. Fertige auch Figuren für alle Personen an, mit denen du jemals geschlafen hast. Aber wenn es zu viele sind und du dich nicht mehr gut daran erinnern kannst, so bastelst du nur für diejenigen eine Puppe, an die du dich noch gut erinnerst.

Beschrifte jede Figur deutlich mit ihrem Namen. Lege anschließend alle Puppen in einen großen Kreis um dich herum. Stelle dir jetzt vor, dass zwischen dir und jeder einzelnen Puppe eine Verbindung besteht, ein Faden oder ein Band. Wenn du

gerne bastelst, kannst du auch wirklich einen Faden oder Strick an jede Figur knüpfen und dann alle Fäden in der Mitte, an der Stelle, an der du stehst, zusammenlaufen lassen. Falls du echte Fäden verwenden möchtest, benötigst du für die Übung später ein Messer oder eine Schere.

Richte dich jetzt an jede einzelne Puppe. Sprich jede Figur persönlich an, sage ihren Namen und erzähle ihr, dass du auf der Suche bist nach einem neuen Lebenspartner. Danke der Person für das, was du durch sie/ihn bekommen hast. Sage auch, dass du die Verbindung mit ihm/ihr jetzt abbrechen oder verändern willst, um so mehr Raum zu erhalten für einen neuen Partner. Teile der Puppe mit, dass du ihr einen weniger wichtigen Platz geben willst, so dass genug Raum entsteht für andere Menschen. Nimm dann einfach und mit Respekt Abschied und stelle dir vor, wie sich das Band zwischen euch auflöst oder dünner wird, je nachdem was passender ist. Wenn du echte Fäden verwendest, schneide diese durch. Auf diese Weise gehst du von einer Person zur nächsten. Anschließend räumst du auf. Wahrscheinlich gibt es Figuren, die du ohne Schwierigkeiten zur Seite legen oder wegwerfen kannst, nachdem du die Fäden durchgeschnitten hast. Vielleicht gibt es auch einige Figuren, mit denen du die Verbindung noch behalten möchtest, auch das kann stimmig sein. Bitte diese Puppen dann ganz nachdrücklich, dir einen neuen Partner zu gönnen. Bitte sie, dich so weit frei zu lassen, dass du wirklich ausreichend Raum bekommst für eine/n andere/n. Gib jeder dieser Personen einen Platz in deinem Herzen. Erkläre ihnen aber nochmals, dass du wirklich die Freiheit behalten willst, eine neue Beziehung zu beginnen. Die Figuren, die du in deinem Herzen bewahren möchtest, kannst du an einem besonderen Platz verwahren. Sprich zwischendurch mit ihnen als Gruppe. Sage ihnen, dass du ihnen weiterhin einen Platz geben willst, und bitte sie dann gleichzeitig, Raum für eine neue Person zu schaffen. Bitte sie auch, dass sie dich unterstützen bei deiner Suche, dem Finden und dem Beginnen einer neuen Beziehung.

Vom einen zum anderen

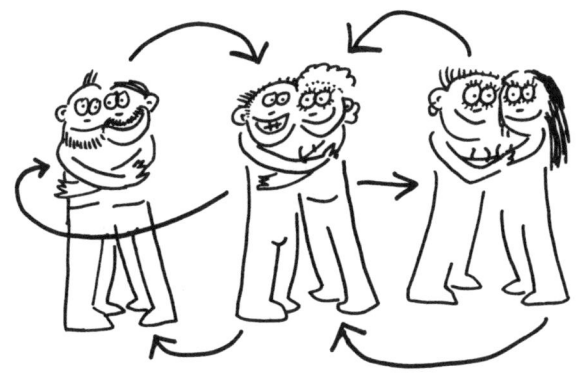

Es gibt viele Menschen, die bei der Partnerwahl für eine gewisse Periode in ihrem Leben erst Männer und später Frauen attraktiv finden oder genau anders herum. Bei manchen wechseln die Vorlieben auch mehrere Male. Eine Person, deren Vorliebe sich im Laufe der Zeit zum entgegengesetzten Geschlecht verändert, geht häufig durch sehr tief greifende Prozesse, begleitet von vielen inneren Fragen. In so einer Phase kann es von Nutzen sein, die Veränderung oder die neue Wahl mit Hilfe eines einfachen Rituals zu verstärken, in dem man von dem einen Pol zum anderen geht.

Markiere auf dem Boden einen großen Kreis mit einem Durchschnitt von ungefähr drei Metern. Teile den Kreis in vier Bereiche, die alle gleich groß sind. Das erste Viertel ist für Männer, die Frauen lieben, reserviert, das zweite für Männer, die Männer lieben. Die dritte Zone ist für Frauen, die Männer lieben, bestimmt und der vierte Teil für Frauen, die Frauen lieben.

Gehe als Ausgangsposition in die Zone, in der du in der Vergangenheit deine Partner gesucht und gefunden hast. Bist du eine Frau, die lange Zeit mit Frauen Beziehungen hatte, beginnst du also bei dem Viertel der Frauen, die Frauen lieben. Bist du ein Mann, der sich früher in Frauen verliebt hat, aber in letzter Zeit auf Männer steht, so beginnst du an der Position der

Männer, die Frauen lieben, und trittst dann in das Viertel der Männer, die Männer lieben. Tritt also zunächst in den Bereich des Kreises, der die Gruppe deines früheren Partners repräsentiert. In diesem Bereich hast du einen Teil deines Lebens verbracht. Zähle für dich selbst die Vorteile und danach die Nachteile dieses Bereiches auf. Es ist nicht wichtig, was du sagst, nenne einfach das, was spontan an Assoziationen in dir auftaucht. Richte deine Worte dann an die Menschen in diesem Viertel und sage zum Beispiel zu ihnen: „Ich kenne die Vor- und Nachteile dieses Platzes. Ich habe gute Dinge erlebt und schlechte. An dieser Stelle meines Lebens habe ich die Entscheidung getroffen, diesen Bereich zu verlassen. Ich danke für die guten Dinge. Alles, was hier wertvoll war, trage ich in meinem Herzen weiter."

Vielleicht bekommst du dann das Gefühl, dass dir als Reaktion darauf Enttäuschung oder sogar Wut entgegengebracht wird. Wenn das so sein sollte, ist das nicht verwunderlich. Dabei macht es keinen Unterschied, in welchem Viertel du begonnen hast. Wenn du dich entscheidest, deine Partner auf einmal nicht mehr bei dem einen, sondern beim anderen Geschlecht zu suchen, so sind die Menschen aus der ersten Zone häufig enttäuscht. Möglicherweise erfahren sie deine Entscheidung als persönliche Abweisung oder Erniedrigung. Wenn es dir während des Rituals also so scheint, als ob dir Wut oder andere negative Gefühle entgegengebracht werden, so wende dich an diese Energie im folgenden Sinne: „Das, was ich in diesem Moment meines Lebens fühle und brauche, ist etwas anderes, als das, was ihr kennt oder mir geben könnt. Seid darum nicht ärgerlich auf mich. Versucht nicht, mich hier an dieser Stelle festzuhalten, sondern sucht euch lieber einen anderen Mann/eine andere Frau; eine Person, die euch schätzt und das braucht, was ihr ihm/ihr geben könnt, und die euch geben kann, was ihr nötig habt."

Trenne dich dann von dieser Gruppe, tritt aus diesem Bereich und gehe in die Zone, in der du jetzt deinen neuen Partner suchen willst. Verbinde dich mit den Menschen und der Kraft, die dort anwesend sind und sage etwas im folgenden Sinne: „Ich brauche wahrscheinlich noch etwas Zeit, um mich an euch zu gewöhnen, aber ich komme hierhin, um einen neuen Partner zu suchen und zu finden."

Anschließend machst du noch einen letzten Schritt in diesem Kreis. Dieses Mal gehst du in den Bereich, in dem sich die Gruppe Menschen befindet, zu denen du jetzt auch gehörst. Willst du jetzt zum Beispiel als Frau einen männlichen Partner, gehe dann zu den Frauen, die Männer lieben. Willst du als Mann dahingegen einen Mann als neuen Partner, so warst du bei dem oben genannten Beispiel schon beim zweiten Schritt in der richtigen Zone, nämlich im Bereich der Männer, die Männer lieben. In diesem Fall kannst du also einfach stehen bleiben.

Sprich wiederum einige Sätze wie: „Es war nicht einfach für mich, hierher zu gelangen. Ich bin jetzt ein Teil von euch, hier will ich mich zu Hause fühlen. Wenn es in dieser Position etwas zu lernen gibt, so helft mir bitte."

Wiederhole die gesamte Übung eventuell mehrere Male an den darauf folgenden Tagen, bis sich die Bewegung von der einen zur anderen Gruppe einfach vollzieht und gut in dir gefestigt ist.

Türen öffnen

Es ist nicht schwer, auf der Beziehungsebene ins Fettnäpfchen zu treten. Manchmal wagt man Dinge, die sich hinterher als nicht so vorteilhaft entpuppen, oder es entstehen Situationen, in denen der Partner einen verletzt. Andere Male machen beide gemeinsam Fehler, die man, im Nachhinein betrachtet, besser hätte vermeiden können. Was auch immer geschieht, in jeder Beziehung machen beide Partner Erfahrungen, durch die sie sich verletzt fühlen und denken, sie müssten sich vor dem anderen wappnen zum Schutz vor weiteren Verletzungen. Wenn eine Beziehung gut funktioniert und die Wunde nicht zu groß ist, können diese Schutzmechanismen langsam wieder abgebaut werden. Aber leider kommt es oft vor, dass beide Partner sich immer mehr schützen, stets mehr Türen voreinander schließen. In letzter Instanz wird die Beziehung dann beendet. Sich selbst gut zu beschützen, gibt einem vielleicht ein Gefühl der Selbstständigkeit und innerlichen Kraft, aber gleichzeitig behindert einen das fehlende Vertrauen, wenn man sich wirklich verbinden will.

Wenn du jetzt dein eigenes Leben betrachtest, wird es dir wahrscheinlich nicht schwer fallen, dich an die Erlebnisse zu erinnern, durch die du die eine oder andere Tür geschlossen hast, dich mehr verschlossen hast, um besser gegen emotionalen Schmerz im Umgang mit anderen gewappnet zu sein. Fertige jetzt eine Liste mit diesen Erfahrungen an, schreibe alles auf, was dir einfällt. Schaue dir die Liste dann noch einmal an und teile sie in zwei Sparten ein. Schreibe die Erfahrungen, die du absolut nie wieder machen möchtest, die so sehr verletzend, erniedrigend oder schädigend waren, auf ein extra Papier. Vielleicht bietet sich in der Zukunft noch eine Gelegenheit, mit diesen Situationen weiterzuarbeiten. Aber für diese Übung lassen wir sie beiseite. Vielleicht ist es gut, diese Narben vorläufig in Ruhe zu lassen.

In dieser Übung richtest du deine Aufmerksamkeit auf die Erfahrungen, aufgrund derer du dich früher zurückgezogen hast, aber die aus deiner heutigen Perspektive, mit deiner jetzigen Lebenserfahrung, möglicherweise gar nicht so schrecklich waren. Es sind Erlebnisse, mit denen du jetzt gut umgehen könntest, wenn dir heute so etwas oder Ähnliches passieren sollte. Stelle dir für diese Übung dein eigenes Inneres als einen dreidimensionalen Raum vor, als großen Saal mit sehr vielen Türen und Fenstern an allen Wänden. In diesem Raum sind auch deine gesamten Erfahrungen aufbewahrt. Stelle dir also neben den Fenstern und Türen Bücherregale und Schränke vor, in denen alles, was du je erlebt hast, sorgfältig arrangiert steht. Sieh dieses Bild deutlich vor dir, mache es so konkret wie möglich: Manche Türen und Fenster sind geöffnet, andere geschlossen, einige Türen sind möglicherweise fest verriegelt. Bei einzelnen Fenstern sind die Vorhänge zugezogen, bei anderen hängen nur Gardinen davor.

Nimm dir jetzt die Liste mit den Erfahrungen, die früher schwierig waren und aufgrund derer du dich verschlossen hast, aber mit denen du gegenwärtig gut oder besser umgehen könntest. Arbeite jeweils nur mit einer einzelnen Erfahrung. Diese Situation sorgte irgendwann dafür, dass du eine Tür geschlossen oder einen Vorhang zugezogen hast. Bewege dich in deinem inneren Raum zu einer der geschlossenen Türen oder zu den Fenstern, die deiner Meinung nach zu diesem Ereignis gehören. Stelle dir vor, dass an dieser Tür oder an dem Fenster eine Karte oder ein Briefchen hängt mit einer Abbildung oder der Zusammenfassung dieser spezifischen Erfahrung. Nimm dann diesen Brief und lege ihn in einen der Schränke oder in eine Schublade. Gehe anschließend in deinem inneren Raum wieder zurück zu der Tür oder dem Fenster, an dem das Briefchen hing. Sprich zu dir, dass du stark genug bist, um in Zukunft mit dieser oder ähnlichen Erfahrungen umzugehen, und dass darum die Tür oder das Fenster nicht länger verschlossen bleiben muss. Öffne dann den Vorhang, schiebe den Riegel der Tür zurück – und öffne sie.

Nimm dir dann die nächste Erfahrung auf deiner Liste vor und suche dir auch hierfür wieder die passende Tür oder das entsprechende Fenster. Auf diese Weise öffnest du Schritt für Schritt mehr und mehr abgeschlossene Zugänge zur Außenwelt. Gleichzeitig mit dem Aufräumen der Briefchen, die an den Türen und Fenstern hingen, verschwindet auch die Notwendigkeit, die Türen und Fenster geschlossen zu halten.

Aber nicht alle Fenster und Türen müssen geöffnet werden. Manche bleiben jetzt möglicherweise noch geschlossen. Bei einigen Türen schiebst du vielleicht nur den Riegel zur Seite, aber du lässt das Schloss noch zu. Bei den Fenstern öffnest du vielleicht die Gardine, aber lässt das Fenster selbst noch zu. Das Ziel der Übung ist es, mehr Raum, mehr Kontakt mit der Außenwelt, mehr Luft und Licht in deinem Inneren zu schaffen. Das, was noch geschlossen bleiben muss, bleibt geschlossen; das, was geöffnet werden kann, wird geöffnet.

2 Lasten der Vergangenheit

Wenn du schon eine ganze Zeit auf der Suche nach einem neuen Partner bist, hast du wahrscheinlich schon einige enttäuschende Erfahrung gemacht. Enttäuschungen sind nicht nur in dem Moment selbst unangenehm, sondern jeder Fehlschlag, jede schlechte Erfahrung trägt dazu bei, dass man sich stets ohnmächtiger und frustrierter fühlt. Auf diese Weise entstehen dann allmählich negative Überzeugungen über dich selbst, bezüglich deines Wertgefühls, ebenso wie über andere Menschen und deine Chancen auf dem Partnermarkt. Eine Person, die schon lange ohne jegliche Resultate auf der Suche nach einem Partner ist, entwickelt langsam ein Schutzschild oder einen Panzer, so dass er/sie sich nicht mehr so schnell verletzt fühlt, wenn es erneut zu einer Enttäuschung kommt. Natürlich ist es gut, realistisch im Leben zu stehen und die negativen Erfahrungen zu relativieren. Doch wenn man allmählich verhärtet und ab einem bestimmten Moment nur noch bissige Bemerkung über alles macht, dann kann es an der Zeit sein, die automatischen Abwehrreaktionen und festen Überzeugungen einmal gründlich zu überprüfen. Die folgenden Übungen und Rituale können dir hierbei helfen.

Hier und Jetzt

Alle Erfahrungen, die wir im Umgang mit anderen machen, liefern einen Beitrag dazu, wie wir im Leben stehen und mit unserer Umwelt umgehen. Alte Verletzungen sorgen dafür, dass wir auf der Hut und wachsam sind und Gefahr schnell riechen können. Das hat Vorteile, aber auch Nachteile. Wenn du mehrere Male im Stich gelassen worden bist, wirst du einen neuen Partner bewusst oder unbewusst darauf prüfen, wie treu er/sie ist. Wurdest du früher geschlagen, dann rechnest du bei jeder unerwarteten Bewegung eines anderen mit einem Schlag, unabhängig davon, ob der andere dich wirklich schlagen will oder nicht.

Frühere negative Erfahrungen helfen dir, schwierige Situationen zu antizipieren, aber sie nehmen dir auch einen klaren Blick

auf die Gegenwart. Festsitzende Muster erschweren es deutlich zu sehen, was wirklich im Hier und Jetzt geschieht. Wenn du die Macht alter Muster und negativer Denkbilder über dich selbst durchbrechen willst, kann ein einfaches „Hier-und-Jetzt-Training" sehr hilfreich sein. Auf diese Weise wirst du schon bald in der Lage sein, klarer zu erkennen, was um dich herum geschieht. Wenn du gut in der Gegenwart verankert bist, kannst du deine automatischen Reaktionen auf deine Mitmenschen besser erkennen und da, wo es nötig ist, etwas anpassen. Sobald du deine eigenen Gefühle und Reaktionen besser wahrnehmen kannst, erhöht sich auch die Möglichkeit, diese besser zu kontrollieren.

Die Übung ist sehr einfach. Setze dich hin und stelle dir einen Wecker oder eine Eieruhr auf ungefähr fünf Minuten. Während dieser Zeit sitzt du einfach da, mit geradem Rücken und offenen Augen, und sprichst alles aus, was du erfährst. Nicht mehr und nicht weniger. Ein Beispiel: „Ich sehe eine Fliege an der Wand." Einige Sekunden Stille und dann: „Ich merke, dass ich aufstehen will. Ich frage mich, wie lange diese Übung noch dauert." Aber du stehst nicht auf. Während der gesamten Übung bewegst du dich so wenig wie möglich. Es ist wieder einige Momente still, bevor du dann vielleicht sagst: „Ich erinnere mich an meine Mutter.", „Ich denke daran, was ich heute Abend essen soll.", „Meine Hände sind warm, ich spüre sie deutlich".

Du erzählst keine Geschichten, jeder Satz ist eine einzelne Beschreibung der Tatsachen, die in dem spezifischen Moment in dein Bewusstsein treten. Dabei kann es sich um körperliche Reaktionen handeln, Gedanken oder Gefühle. Jedes Mal beschreibst du mit einem Satz, was sich gerade in dir abspielt.

Danach lässt du die Erfahrung wieder los. Wenn du dich zum Beispiel an deine Mutter erinnerst, sagst du nur, dass diese Erinnerung auftaucht, aber erzähle nicht die ganze Geschichte. Wenn du merkst, dass du Anekdoten erzählst, weißt du, dass du den Kontakt mit dem Hier und Jetzt verloren hast. Kehre dann wieder dahin zurück, einzelne Sätze zu sagen und richte deine Aufmerksamkeit auf die Dinge, die in dir und um dich herum geschehen. Öffne dich jedes Mal aufs Neue für das, was sich exakt in dem Moment in deinem Bewusstsein vollzieht. Keine Geschichten, nur wahrnehmen, was in jedem Moment erfahrbar ist. „Ich höre Kinder spielen ... Ich bin mir meiner Fingerspitzen bewusst ... Meine Gedanken sind schneller, als ich sie in Worte formulieren kann ... Ich habe noch immer den Geschmack der Schokolade in meinem Mund, die ich gerade gegessen habe ... Ich spüre meinen Po auf dem Stuhl ... Ich würde gerne eine Tasse Tee trinken ... Ich fühle mich traurig ... Es juckt an meiner Nase."

Du sitzt einfach aufrecht und benennst, was du wahrnimmst oder fühlst, ohne dich damit zu identifizieren. Die Reihenfolge der Gedanken ist völlig unwichtig, oft total unlogisch. Wahrscheinlich kommst du vom Hölzchen aufs Stöckchen, und das ist gut, solange du probierst, in Kontakt mit den Dingen zu bleiben, die in deiner Wahrnehmung auftauchen. Wenn du das regelmäßig übst, zum Beispiel mehrere Male pro Tag, wirst du merken, dass sich während der Übung schnell ein angenehmes Gefühl entwickelt. Die Übung wirkt beruhigend und zentrierend. Wenn du sie eine gewisse Zeit lang ausführst, stellst du wahrscheinlich fest, dass du auch im täglichen Leben besser wahrnehmen kannst, was sich in jedem einzelnen Moment abspielt. Allmählich wird es dann auch einfacher zu bemerken, wie du auf andere Menschen reagierst. Und nachdem du erkennst und beobachten kannst, welche Reaktionen du hast, ohne dich stark damit zu identifizieren, wirst du nicht länger automatisch von deinen alten Mustern mitgerissen, sondern hast die freie Wahl.

Kehre es um

Es gibt viele Menschen, die jedes Mal wieder die gleiche Art von Beziehung eingehen. Der eine entdeckt jedes Mal im Laufe der Zeit, dass der Partner heimlich fremdgeht, der andere bekommt jedes Mal einen Partner, der/die ihn nicht ernst nimmt oder nie wirklich die Beziehung eingeht, sondern immer etwas Abstand hält. Manche Menschen schaffen es sogar, jedes Mal einen Partner zu finden, der/die sie körperlich misshandelt.

Wenn du mehrere Male hintereinander mit verschiedenen Partnern in der gleichen Situation endest, kann es sinnvoll sein, deine eigene Rolle in diesem Spiel nochmals zu überprüfen. Selbstverständlich kann der neue Partner einfach ein Fehlschuss sein, schließlich kennt man sich noch nicht, wenn man ein Verhältnis beginnt. Wenn du aber immer wieder mit denselben Schwierigkeiten konfrontiert wirst, kannst du die Möglichkeit nicht ausschließen, dass du vielleicht unbewusst immer die gleiche Art Partner auswählst. Wenn das so ist, warum machst du das eigentlich? Du kannst eine Psychotherapie beginnen und dort herausfinden, was dahinter steckt. In manchen Fällen ist das die beste Lösung. Die folgende Methode kann manchmal allerdings auch einige sehr interessante Einsichten liefern.

Nimm dir Stift und Papier und schreibe in einzelnen Sätzen auf, was dir immer wieder begegnet. Beispielsweise: „Mein Partner gibt mir nie den ersten Platz" oder „Meine Partner fordern zu viel von mir, so dass ich dicht machen muss, um mich zu schützen".

Wenn du einige Sätze aufgeschrieben hast, beginnst du anschließend mit dem folgenden Experiment. Du veränderst die Sätze, wobei der Inhalt gleich bleibt, aber jetzt schreibst du „ich" an die Stelle, wo vorher „mein Partner", und „mein Partner", wo vorher „ich" stand. So erhältst du dann bei den oben genannten Beispielen: „Ich gebe meinem Partner nie den ersten Platz" oder „Ich fordere zu viel von meinem Partner, so dass er/sie dicht machen muss, um sich zu schützen".

Lasse diese Sätze dann auf dich wirken. Vielleicht machen die Sätze für dich keinen Sinn und du kannst nichts damit anfangen. Aber vielleicht bemerkst du irgendwo in deinem Magen ein gewisses Kribbeln oder dir geht plötzlich ein Licht auf.

Der folgende Schritt ist dann, die Sätze mit Hilfe von Assoziationen zu erklären. Beginne mit dem ersten veränderten Satz deiner Liste. Schreibe „weil" hinter diesen Satz und vervollständige ihn mit zehn verschiedenen Gründen. Denke hier nicht zu lange darüber nach, es geht gerade darum, deine spontanen Gedanken zu entdecken.

„Ich gebe meinem Partner nie den ersten Platz, weil ich auf der Hut sein muss, dass mir nichts passiert. Ich gebe meinem Partner nie den ersten Platz, weil ich mich zu schnell in den anderen verliere. Ich gebe meinem Partner nie den ersten Platz, weil ich nicht noch einmal jemanden verlieren will, der/die einen bedeutenden Platz in meinem Leben hat."

Du kannst mit diesen Sätzen spielen und auch den ersten Teil verändern und anschließend den Satz wieder auf zehn verschiedene Weisen beenden. „Was für mich wichtiger ist, als es mein Partner ist ...", „Ein Partner, der nicht auf dem ersten Platz steht, ist gut für mich, weil ..." oder „Ich setze meinen Partner am liebsten auf den zweiten Platz, so dass ...".

Schreibe jedes Mal spontan zehn Antworten auf, ohne sie zu zensieren. Eine Selbstanalyse auf diese Weise kann dir interessante und unerwartete Einsichten vermitteln, wodurch du motiviert wirst, an dir selbst zu arbeiten und deine eigene Rolle in dem immer wiederkehrenden Drama zu erkennen, anstelle jedes Mal die Schuld dem anderen zu geben.

Affirmationen

Manche Urteile und Ideen über einen selbst sitzen so fest und sind so hartnäckig, dass es sehr schwierig ist, daran etwas zu verändern. Die Gedanken gehen dann alle in dieselbe Richtung, was sich mit einer Situation beim Fahrradfahren vergleichen lässt: Man gelangt in eine tiefe Rille oder Straßenbahnschiene, aus der man fahrend nicht mehr herauskommen kann. Hast du selbst derartige tief liegende, festgefahrene Überzeugungen über dich selbst, deine Beziehungen und Nähe zu anderen, können neben Psychotherapie, Gesprächsgruppen oder anderen Hilfen Affirmationen sehr unterstützend sein. Affirmationen sind positiv formulierte Sätze, die du stetig wiederholst, aufschreibst oder an die Wand hängst, so dass du sie regelmäßig sehen kannst. Wenn wir bei dem Beispiel der Rille im Fahrradweg bleiben, so kann man sagen, dass sich durch die regelmäßige Anwendung der Affirmationen eine alternative Spur auf dem Weg formt. Außerdem weckt es auch dein Bewusstsein, dass du stoppen kannst, um so dein Fahrrad aus der einen Spur zu ziehen und in die neue Spur zu setzen. Affirmationen lösen alte Muster also nicht völlig auf, sondern geben dir eher eine Alternative. Eine neue Richtung, der du folgen kannst, wenn du dir die Arbeit machst und die Affirmation wirklich einige Wochen oder Monate lang konsequent anwendest.

Wenn du mit Affirmationen zum Thema Beziehungen arbeiten willst, so nimm dir erst die Zeit, über deine negativen Überzeugungen nachzudenken, deine Urteile über dich selbst, deine Partner und über Beziehungen im Allgemeinen. Als Vorbild verwende ich die zwei Sätze aus der vorigen Übung. Der erste Satz ist: „Mein Partner gibt mir nie den ersten Platz." Für eine Affirmation verwendet man am besten die Umkehrung, aber nicht jede Umkehrung hat die gleiche Wirkung. Verwendest du in diesem Fall zum Beispiel die Umkehrung „Mein Partner gibt mir immer den ersten Platz", wird wahrscheinlich etwas in dir protestieren. Es ist schließlich nicht wahr, dass deine Partner dich immer auf den ersten Platz stellen. Und vielleicht willst du auch nicht in allen Situationen auf den ersten Platz gestellt werden.

Es geht also nicht um die einfache Umkehrung vom Negativen zum Positiven. Für die innere Überzeugung „Mein Partner gibt mir nie den ersten Platz", kannst du eher an eine andere Alternative denken wie: „Ich öffne mich für einen Mann, dem ich wichtig bin", „Ich lerne Frauen zu unterscheiden, die ihren Partner an die erste Stelle setzen wollen" oder „Ich lerne, wie ich mit einem Partner umgehe, der für mich da ist". Diese Sätze richten sich auf die Zukunft und kreieren eine Öffnung. Sie sind so formuliert, dass du mit ihrer Bedeutung übereinstimmen kannst, ohne die Wahrheit der Vergangenheit zu verleugnen. Dadurch werden sie akzeptabler.

Den Satz „Meine Partner fordern zu viel von mir, so dass ich mich verschließen muss, um mich selbst zu schützen", kannst du mit der Affirmation ersetzen „Ich richte mich auf einen Partner, der genauso viel von mir will, wie ich freiwillig geben kann" oder „Ich lerne es, ,Nein', zu sagen, ohne mich völlig zu verschließen".

Nachdem du verschiedene negative Überzeugungen aufgeschrieben und die passenden Affirmationen dazu gefunden hast, ist der nächste Schritt, die Affirmationen zu wiederholen. Du kannst sie aufschreiben: zehn, zwanzig, dreißig, sechzig, zweihundert Mal. Vielleicht kommt es dir in erster Instanz wie eine Strafarbeit vor, aber probiere es trotzdem. Und versuche, wenn du den Satz aufschreibst, einen Augenblick daran zu denken, was er bedeutet. Lasse die Bedeutung in dich eindringen. Möglicherweise kannst du es dir jetzt noch schwer vorstellen, aber das Schreiben von Affirmationen wird von vielen Menschen als ein Genuss erfahren, etwas zum Wohlfühlen anstatt als Strafarbeit.

Du kannst dich auch entschließen, eine bestimmte Affirmation eine Viertelstunde lang jede halbe Minute laut vorzulesen und dann einige Sekunden damit zu verbringen, die Bedeutung der Affirmation zu erfassen. Eine andere Möglichkeit wäre es, eine Kassettenaufnahme mit der Affirmation zu machen, indem du sie eine Viertelstunde lang vorliest. Diese Aufnahme kannst du dir dann jeden Abend vor dem Schlafengehen anhören. Wiederholung ist hierbei das Schlüsselwort, und damit meine ich nicht nur den Satz ein-/zweimal runterzurasseln. Es funktioniert am besten, wenn du dir immer wieder etwas Zeit dafür nimmst, Tag für Tag, Woche für Woche, Monat für Monat. Mache diese Übungen aber auch nicht zu fanatisch, du brauchst sie nicht jeden Tag auszuführen. Aber einige Male pro Woche ist schon empfehlenswert.

Manche Menschen schreiben ganze Notizblöcke voll mit Affirmationen. Betrachte diesen Prozess als das Anlegen einer neuen Spur neben der alten Route, der du über Jahre hinweg in deinen Gedanken gefolgt bist. So ein alternativer Fahrweg kann jedoch nicht innerhalb einiger Tage oder Wochen fertig gestellt werden. Aber wenn du dir die Zeit und Mühe machst, so einen alternativen Weg anzulegen, wirst du bald bemerken, wie die alten festgefahrenen Muster immer weniger Einfluss auf dich haben, dass sich dir mehr Entscheidungsmöglichkeiten aufzeigen und du in deinem Denken und Handeln wirklich freier wirst.

Das Verlangen fühlen

Die meisten Menschen, die schon seit längerem auf der Suche nach einem festen Partner sind, stellen im Laufe der Zeit fest, dass sich in ihren Gedanken und Gefühlen ein bestimmtes Standardprogramm abspielt. Dieses Programm besteht aus Glaubenssätzen, Bildern und Urteilen, die stets wieder auftauchen. Sätze wie: „Es wird mir wahrscheinlich nie gelingen, einen Partner zu finden, da alle netten Männer schon besetzt sind" oder „Frauen wollen doch nur starke Männer mit trainiertem Bauch und harten Muskeln. Aber ich bin zu schlapp und unattraktiv", „Es gibt so viele interessante Menschen, da kann ich gar nicht mithalten", „Wenn ich jemanden gut finde, verhalte ich mich so verkrampft, dass ich doch nur jeden abstoße".

Gefühle der Enttäuschung, Frustration, manchmal Wut, Verzweiflung und Hoffnungslosigkeit ... Ab einem bestimmten Moment entsteht dann eine Kette der gleichen Gedankengänge und Verhaltensweisen. Derartige Gedanken, Gefühle und Programmierungen wirken wie eine schwere Last, die alles zudeckt. Wenn du die festgefahrenen Muster nur für einen Moment loslassen könntest, würdest du sehen, was sich unter ihnen versteckt: Was unter allem liegt, ist ganz einfach das Verlangen nach der Nähe mit einer anderen Person. Dieses Verlangen taucht dann oft zusammen mit dem Wunsch auf, mit jemandem zu schlafen, aber das ist nur ein Aspekt davon. Das reine, schlichte Verlangen nach Nähe und körperlicher Geborgenheit, das dir nur ein Partner geben kann, erfährst du wahrscheinlich als schmerzhaft, wenn du realisierst, dass dieser Teil in deinem Leben fehlt, dass das der Teil ist, den du vermisst. Wenn sich die entmutigenden Enttäuschungen, Abweisungen und Fehlschläge beim Kontaktknüpfen häufen, entstehen hierdurch feste Gedanken- und Gefühlsmuster, wodurch das Verlangen nach einem Partner im Laufe der Zeit etwas eingekapselt wird. Das eigentliche Sehnen ist durch alle Schichten hindurch nicht mehr so stark fühlbar. Doch wenn du wirklich einen Partner willst, ist es auf der anderen Seite wiederum notwendig, das pure Verlangen nach einem Partner zu fühlen und es nicht zu ersticken. Schließlich ist dieses Verlangen deine treibende Kraft, die dir hilft, Risiken einzugehen, Hürden zu überwinden und Dinge anzupacken. Die folgende Übung kann dir helfen, das Verlangen freizulegen und es aus den Hüllen der Hoffnungslosigkeit zu entpuppen.

Betrachte zuerst für einen Moment, wie du normalerweise mit deinem Partnerwunsch umgehst. Untersuche die unterschiedlichen Wünsche, das Verlangen und die Gedanken, die dazu gehören. Lasse die Bilder und Überzeugungen, die inzwischen zu einem festen Bestandteil deines Repertoires geworden sind, in deinem Inneren Revue passieren. Achte auch auf die Wahrnehmungen in deinem Körper, während du die Glaubenssätze ein paar Mal wiederholst. Sprich die entsprechenden Sätze einige Male hintereinander aus, wie zum Beispiel: „Alle tollen Männer/Frauen sind schon lange vergeben. Es gibt keinen passenden Partner mehr für mich."

Wenn du deinen Glaubenssatz mehrere Male wiederholst, stellst du vielleicht fest, das du ein schweres Gefühl im Bauch bekommst. Gib diesem schweren Gefühl eine Farbe und lasse anschließend die Farbe allmählich aus deinem Körper fließen, durch deine Beine hindurch nach unten, in die Erde. Verfahre mit allen Sätzen auf die gleiche Weise. Sprich sie einige Male hintereinander aus, erforsche die körperliche Wahrnehmung, die gleichzeitig auftaucht, gib dem Gefühl eine Farbe und lasse diese Farbe aus deinem Körper fließen. Mit der Farbe verschwindet gleichzeitig auch das Gefühl aus deinem Körper. Du kannst dir auch vorstellen, dass obendrein die Glaubenssätze selbst mit dem zugehörigen Gefühl langsam in die Erde einsickern.

Nachdem du die negativen und schwermütigen Überzeugungen durchgearbeitet hast, nimmst du Kontakt mit dem Wunsch nach einem Partner auf. Ein Verlangen, das so rein ist, dass es sich nicht durch Enttäuschungen oder Erfolge in der Liebe beeinflussen lässt. Dieses Verlangen ist Teil deines Wesens, des Menschseins. Um eine gute Verbindung mit diesem Sehnen zu bekommen, kannst du dir Bilder und positive Erfahrungen aus deiner Vergangenheit vor Augen halten, wie Erinnerungen an direkte und bedingungslose körperliche Nähe, zärtliche Momente und Streicheleinheiten oder Erinnerungen an Intimität. Konzentriere dich auf diese Erfahrungen und versuche zu entdecken, wo dieses Verlangen in deinem Körper verankert ist. In deinem Herzen, Bauch, in den Beinen oder an mehreren verschiedenen Stellen?

Genau wie du den negativen Gefühlen eine Farbe zugeordnet hast, gib nun auch diesem Verlangen eine Farbe. Und auch diese Farbe lässt du durch deinen Körper fließen – jedoch dieses Mal nicht nach unten, sondern nach oben. Lasse das Verlangen sich in deinem Körper verteilen, lasse es gemeinsam mit der Farbe emporsteigen, durch deinen Oberkörper fließen, durch deinen Hals, deinen Kopf, das Gehirn, bis es wie eine Energiekrone aus deinem Kopf wächst. Lasse das Verlangen dann los, wie einen Luftballon, der aufsteigt in die weite Welt. Wiederhole diesen Vorgang einige Male: Spüre das Verlangen, gib ihm eine Farbe, lasse diese und das Verlangen durch dich hindurchfließen, allmählich nach oben steigen, und dann lässt du es los, so dass es aufsteigt in den Himmel. Dein Ballon trägt deine Nachricht in die Welt. Und wer weiß, vielleicht landet er irgendwo und du bekommst eine Reaktion darauf zurück …

Du kannst die Übung abrunden, indem du dir vorstellst, dass deine Füße fest mit der Erde verbunden sind.

Ein festes Muster verändern

Mache es dir für die folgende Übung bequem, setze dich hin und nimm dir einen Moment Zeit. Stelle dir vor, dass du heute Abend zu einem Fest gehst, zu einem Empfang oder der Eröffnung einer Ausstellung. Du bist dir natürlich bewusst, dass du dort möglicherweise einem netten Mann oder einer netten Frau begegnen könntest. Welche Gedanken kommen in dir hoch, bevor du zu dem Fest gehst? Untersuche deine Gedanken und Gefühle, sowohl die angenehmen als auch die unangenehmen.

Stelle dir nun vor, dass du wirklich auf dem Fest, dem Empfang oder der Vernissage bist und du dich zwischen all den Menschen befindest. Du siehst einige Menschen, die du gerne ansprechen würdest. Was tust du dann, wie reagierst du in so einem Fall normalerweise? Welche Standardgedanken und -gefühle tauchen in dieser Situation auf? Schaffe dir ein deutliches Bild von deinen Mustern.

Anschließend stellst du dir vor, dass du wieder zu Hause bist. Du hast keinen Kontakt mit neuen Menschen gemacht. Vielleicht hast du einige Personen angesprochen, aber das hat zu nichts geführt. Wie fühlst du dich in solch einem Moment? Was spielt sich dann in deinem Kopf ab? Welche Urteile über dich selbst oder über andere spulen sich in deinem Kopf ab?

Versetze dich nun erneut in diese Geschichte und gehe nochmals durch alle Situationen. Beginne wieder bei den Gefühlen, die du hast, bevor du zu dem Fest gehst. Stelle dir dieses Mal aber vor, dass du einen großen Korb bei dir trägst. Alle bekannten Gedanken oder alte Muster, die du entdeckst, legst du in diesen Korb. Bei dieser Visualisierung kannst du dich auch bewegen. Wenn du dir zum Beispiel vorstellst, bestimmte Gedanken aus deinem Kopf zu nehmen und in den Korb zu legen, kannst du wirklich eine Bewegung vom Kopf zu dem gedachten Korb machen, als ob er echt wäre. Auch andere physische Wahrnehmungen und Gefühle, die du beispielsweise im Bauch oder im Herzen fühlst, kannst du dort wegnehmen und in den Korb stecken.

Gehe mit dem Korb durch alle drei Situationen der Übung: die Zeit vor dem Fest, das Fest selbst und der Moment danach, wenn du wieder allein zu Hause bist. Benenne alle eingefahrenen Muster, fasse sie, hole sie aus deinem Kopf, Herz und Bauch und sammele sie in dem Korb.

Stelle dir nun weiter vor, dass du den Inhalt des Korbes aufräumst und den Korb sauber machst. Lasse deiner Fantasie freien Lauf. Befindet sich ein in sich verwickelter Haufen aus Staub und Stoff in mehreren Farben im Korb? Fülle den Inhalt des Korbes in eine Flasche mit Wasser und schüttele sie, bis sich alles im Wasser auflöst. Sind es verschiedene Formen und Strukturen, die sich in deinem Korb befinden, kannst du beispielsweise mit dem Pürierstab alles zu einer einheitlichen Masse verarbeiten. Die kannst du anschließend irgendwo in den Wind hängen, so dass alles gut durchgeweht wird. Eine andere Möglichkeit ist es, mit einem Wasserstrahl den ganzen Korb auszuspülen, bis alle Krümel und Reste weggespült sind. Benutze deine Vorstellungskraft und löse allmählich alle Farben, Formen, spezifischen Merkmale auf, bis sich nur noch eine neutrale Masse oder Energie in dem Korb befindet.

Nun ist es Zeit, dir erneut vorzustellen, dass du noch einmal zu dem Fest gehst. Überlege dir im Voraus, wie du dieses Mal handeln willst: vor, während und nach dem Fest. Fantasiere, wie du dich diesmal sowohl auf eine angenehme und positive Art vorbereitest als auch dich so auf dem Fest verhältst und im Nachhinein auf die Feier zurückschaust. Wähle verschiedene Strategien, überlege dir neue und überraschende Alternativen, zu denken und zu handeln. Anschließend gibst du der neutralen Masse oder Energie in deinem Korb eine neue Form, eine schöne Farbe, einen angenehmen Duft. Vorhin hast du die alten Muster in den Korb gesteckt, jetzt transformierst du sie in neue

Muster, die konstruktiver sind. Passe die Masse im Korb den neuen Strategien, die du dir überlegt hast, an. Gib der Energie eine neue Struktur und erinnere dich daran, dass du nicht ständig im gleichen Karussell derselben Gedanken und Gefühle herumzukreisen brauchst.

Nimm dir dann die neue veränderte Struktur aus deinem Korb und mache sie dir zu eigen. Nimm sie ganz in dich auf, in dein ganzes Wesen. Du kannst sie als eine Quelle sehen, die dir Kraft und Mut gibt, auf eine andere Art und Weise zu denken, zu fühlen und zu handeln.

Abschließend durchläufst du noch einmal alle Phasen des Festes: die Vorbereitung auf das Geschehen, das Fest selbst und die Momente danach. Lasse deine alten, gewohnten Gedankenmuster und Gefühle einfach hinter dir und versuche, so detailliert wie möglich auf die neue Art und Weise zu reagieren. Nutze die gereinigte und veränderte Substanz aus deinem Korb als Treibstoff, als Nahrung, um deiner neuen Ausrichtung Kraft zu geben. Stelle es dir wirklich so vor, als ob du es auch in der Realität erleben würdest.

Kind, Jugendlicher, Erwachsener

Beziehungen zwischen Menschen verursachen Narben und Verletzungen. Manchmal ist es so stark, dass die entsprechende Beziehung beendet wird, andere Male geht es relativ gut, und die Partner bleiben beieinander. Aber wie immer es auch läuft, in jeder Beziehung gehen Sachen schief, und es kommt zu Schwierigkeiten. Es beginnt häufig schon bei der Eltern-Kind-Beziehung: Sicher versuchen die Eltern ihr Bestes, ganz problemlos wird es allerdings nie verlaufen. Die schmerzhaften Wunden, die jemand aus der Kindheit mitnimmt, werden später leider dem Partner serviert. In vielen Fällen benehmen sich Menschen in Beziehungen eigentlich wie Kinder, die von ihrem Partner verlangen, das gutzumachen, was früher schief ging.

Wenn jemand seine Mutter früher entbehrte, kann die Person sich heute zum Beispiel total allein gelassen fühlen, wenn

sein/ihr Partner einmal etwas länger wegbleibt, als abgesprochen war. Schimpfte und schrie der Vater früher, wenn er den Lärm seiner fünf Kinder nicht mehr ertragen konnte, so kann das für die Person später, wenn ihre jetzigen Partner auch nur minimal die Stimme erheben, alles Mögliche auslösen. Im täglichen Umgang nehmen beide Partner häufig innerlich unbewusst die Haltung eines Kindes an. Manchmal bemerkt man es, aber oft ist das nicht der Fall.

Betrachte die Dynamik deiner früheren Beziehungen noch einmal. Achte dieses Mal vor allem auf die Momente, in denen du enttäuscht wurdest. Wenn es dir möglich ist, erinnere dich an konkrete Situationen und Vorfälle, bei denen du dich durch das Handeln – oder das Nicht-Handeln – deines Partners allein und verloren fühltest. Welcher Teil in dir wurde durch diese Situationen getroffen: das Kind, der Jugendliche oder der Erwachsene? Versuche die Unterschiede zwischen diesen verschiedenen Aspekten deiner selbst zu fühlen. Wer entscheidet in unbequemen Momenten darüber, wie die Situation im Umgang mit deinem Partner (und somit deiner Beziehung) sich weiterentwickelt: das Kind, der Jugendliche oder der Erwachsene? Und wie wirkte sich deine Handlung auf die Reaktionen deines Partners aus? Wenn du dich unbewusst wie ein Kind oder Jugendlicher benimmst, dann ist es natürlich unmöglich, mit dem Partner auf der Ebene eines Erwachsenen zu kommunizieren.

Möglicherweise erkennst du in deiner (ehemaligen) Beziehung gerade die andere Seite: dass du dich eher wie ein Vater/eine Mutter fühlst und verhältst, anstatt ein gleichwertiger Partner zu sein. Dazu kommen wir später noch.

Nenne nun erst ein paar Situationen aus der Vergangenheit, bei denen du jetzt erkennst, beim Austausch mit einem Ex-Partner aus der Kinderrolle heraus gehandelt zu haben. Gehe dann in deiner Vorstellung zurück in diese verschiedenen Krisensituationen in deinem Leben, in denen du wie ein Kind oder Jugendlicher in der Pubertät reagiert hast. Stelle dir nun vor, dass du deinem Ex-Partner gegenüberstehst. Wähle ganz bewusst die Rolle des Erwachsenen. Betrachte, wie die Konfrontation sich aus dem Verhalten zweier Erwachsener entwickelt, wie du reagierst und die Situation im Gleichgewicht halten kannst. Bleibe in der Rolle des Erwachsenen und wähle aus dieser Position eine andere Strategie als diejenige, die du in der Vergangenheit aus der Rolle des unbewussten Kindes oder des Jugendlichen heraus angewendet hast. Übe auf diese Weise mit verschiedenen Vorfällen aus der Vergangenheit, entwickele alternative Strategien, wie du mit unangenehmen Situationen umgehen kannst. Nimm dir schließlich vor, im heutigen Leben hin und wieder zu überprüfen, ob du wirklich als Erwachsene/r denkst, fühlst und handelst.

Betrachte nun die andere Seite. Erinnere dich, wie du in manchen Situationen im Umgang mit deinem Partner die Rolle des Vaters/der Mutter gespielt hast und dein Partner wie ein Kind handelte. Gehe jetzt ganz bewusst in deiner Vorstellung aus der Elternrolle heraus. Was verändert sich? Reagiere als gleichwertiger Partner und nicht als Vater/Mutter, die mit einem Kind umgehen. Überlege dir auf diese Weise verschiedene Möglichkeiten, experimentiere in deiner Fantasie mit Alternativen, wie du mit Partnern umgehen kannst, die ab und zu in die Kinderrolle verfallen.

Zum Abschrecken

Baue eine Vogelscheuche von mindestens etwa siebzig bis achtzig Zentimeter Höhe. Binde dafür ein paar Stöcke überkreuz aneinander, stopfe die Kleidung mit Stroh oder alten Stoffresten aus und setze einen Kopf – aus alten Socken oder Flicken genäht – oben drauf. Diese Puppe wird allerdings nicht dafür gebraucht, Vögel abzuschrecken, es soll vielmehr eine Männer- oder Frauenscheuche werden. In und an dieser Gestalt kannst du alle deine Gründe, nie wieder eine Beziehung mit einem Mann oder einer Frau einzugehen, zum Ausdruck bringen. Behänge die Puppe mit Symbolen deines Widerstandes, deiner Wut, deiner Verletzungen, deiner Geringschätzung. Schreibe passende Wörter auf Kärtchen, male Dinge oder suche und bastele Symbole. Tue dein Bestes, um diese Puppe so grässlich und abstoßend wie möglich zu machen.

Stelle sie dann in deinem Haus neben die Eingangstür. Lasse das Ding dort einige Wochen stehen. Stelle dir vor, dass diese Scheuche alle Männer und Frauen wegjagt, die in deine Nähe kommen, auch diejenigen, die dich gerne als Partner hätten. Erfreue dich an dem Schutz, den dieses Wesen dir bietet. Aber überlege dir auch, ob dieser Männer- oder Frauenschreck dich wirklich glücklich macht. Vielleicht erfüllt er ja eine gewisse Funktion, zumindest hat er das in der Vergangenheit getan. Aber wenn du wirklich einen Partner finden willst, musst du dir eine Methode überlegen, dich von diesem abschreckenden Wesen zu trennen. Zumindest musst du einen Teil deiner Schutzmechanismen loslassen, ansonsten bleibt dir jeder Mann/jede Frau fern. Baue die Männer-/Frauenscheuche darum nach einiger Zeit ganz oder teilweise auseinander. Löse dich auf diese Weise symbolisch von den Ideen und Urteilen, die dafür sorgen, dass kein Mann oder keine Frau sich in deine Nähe traut.

Als nächsten Schritt kannst du irgendwann, wenn du in einer kreativen Phase bist, anstelle der abschreckenden Version nun einen Männer- oder Frauenbegrüßer bauen. Fertige wiederum eine Puppe an, aber dieses Mal eine, die die Verkörperung aller guten und positiven Dinge darstellt, die du mit einem Partner teilen kannst und möchtest. Sie erzählt von deinem Verlangen, deinen Wünschen, Hoffnungen; eine Einladung für einen Partner. Hänge kleine Liebesbriefe an diese Puppe, möglicherweise in parfümierten Briefumschlägen. Suche dir kleine Gegenstände, Symbole und Abbildungen, die Momente repräsentieren, die du mit einem Partner erleben möchtest, und ebenso für Dinge, die du ihm/ihr geben kannst. Mache das Ganze so anziehend, einladend und vielversprechend wie nur möglich. Stelle die neue Gestalt an den gleichen Platz, an dem sich vorher die Scheuche befand. Sprich hin und wieder mit dem neuen Gast in deinem Haus, bitte ihn/sie, dir einen passenden Partner herbeizulocken.

Ein Ort der Ruhe

Die meisten Erfahrungen, die wir in unserem Leben machen, können wir ohne Schwierigkeiten verarbeiten. Manchmal geht das etwas schneller, andere Male kostet es etwas mehr Zeit. Aber die meisten Erlebnisse finden früher oder später ihren Platz. Manchmal geschehen allerdings Dinge, die so einschneidend sind, dass sie nur schwierig zu verarbeiten sind. Beinahe jeder Mensch muss wohl oder übel lernen, mit schlechten Erfahrungen und den Folgeschäden solcher unangenehmen Erinnerungen zu leben. Wenn uns etwas aus dem Gleichgewicht bringt oder uns etwas Schreckliches widerfahren ist, kann die Hilfe von einem Therapeuten oder eine andere professionelle Begleitung manchmal nötig sein. Glücklicherweise ist das aber nicht in allen Fällen erforderlich.

Auch wenn es nicht immer so traumatisch ist, so hat dennoch beinahe jeder Mensch gewisse Teile in sich, die er/sie lieber nicht anschauen will, die lieber unberührt bleiben. Die Vergangenheit ist dann nicht vollständig aufgearbeitet, aber na ja, was macht es schon aus? Es verursacht ja auch keine echten Schwierigkeiten mehr, also lässt man sie einfach in Ruhe.

Die nächste Übung richtet sich genau darauf, eine Erfahrung bewusst ruhen zu lassen. Aber damit ist nicht gemeint, die Erfahrung einfach liegen zu lassen, sondern ihr bewusst einen bestimmten und sicheren Platz zu schaffen. Auf diese Weise können Erfahrungen noch etwas mehr abgerundet werden, die noch nicht vollständig verarbeitet wurden und noch irgendwo in einer Ecke kauern. Wenn du weißt, dass du deine verletzbaren Teile selbst beschützen kannst, ist es einfacher, im Umgang mit anderen entspannt zu bleiben.

Beginne die Übung, indem du dir vorstellst, dass deine Persönlichkeit aus allerlei verschiedenen Aspekten besteht. So bestehst du vielleicht aus einem inneren wilden Party-Tiger neben einem häuslichen Teil, der gerade im Gegenteil sehr ruhig und gesättigt ist. Dann gibt es das innere Kind, eine alte weise Person, einen inneren Mann und eine innere Frau. Stelle dir jetzt vor, dass es auch einen inneren Teil in dir gibt, der die Kraft besitzt, deine blauen Flecken, Wunden und Narben zu schützen, die noch nicht ganz verheilt sind, aber die auch nicht mehr so viel intensive Fürsorge und Pflege benötigen. Mache dir ein deutliches Bild von diesem Teil in dir. Wahrscheinlich ist es nicht so schwer, dir diesen Aspekt vorzustellen, da er irgendwo in dir anwesend sein muss. Da du in der Lage bist, im täglichen Leben zu funktionieren, besitzt du automatisch auch die Kraft, schwierige Situationen zu meistern.

Lasse erst ein deutliches Bild von diesem Teil in dir entstehen und gib ihm danach einen schönen Platz, indem du dir dafür zum Beispiel ein Haus, eine Wohnung oder ein Zimmer vorstellst. Dieser Platz sollte abgeschlossen werden können, sowohl von innen als auch von außen. Stelle dir nun weiter vor, dass du diesen Platz zusammen mit dem inneren Teil, der die Verletzungen beschützt, einrichtest und wohnbar machst. Es muss für ihn/sie ein guter Ort sein, um sich zurückzuziehen. Schafft zusammen einen angenehmen und gemütlichen Ort, stelle es dir in allen Details vor.

Visualisiere dann zwei Schlüssel, die in das Schloss zu diesem inneren Raum passen. Ein Schlüssel ist für dich, der andere für den inneren Teil. Der Ort, den ihr zusammen geschaffen habt, ist und bleibt ausschließlich für diesen Teil, aber du kommst hin und wieder zu Besuch. Ihr habt beide einen Schlüssel, mit dem ihr den Raum abschließen könnt, so dass niemand anders hereinkommen kann.

Trage jetzt in deiner Vorstellung, zusammen mit dem inneren Teil, alle Erfahrungen von dir, die etwas Schutz brauchen, in diesen Raum und lege sie dort jeweils an einen anderen passenden Platz. Auf diese Weise gibst du ihnen einen deutlichen Platz. Die Erfahrungen, die bisher eine Last waren, sind hier sicher und beschützt. Hier kannst du sie hüten, bis vielleicht eines Tages ein Moment kommt, in dem du dich entscheidest, doch noch mit ihnen zu arbeiten.

Löse deine Ketten – bitte um Hilfe

Viele Menschen, die seit langer Zeit auf der Suche nach einem neuen Partner sind, bekommen ab einem bestimmten Moment das Gefühl, dass ihnen nichts mehr gelingt und dass sie auch nicht mehr wissen, was sie noch tun könnten. Es scheint dann, als ob eine unsichtbare, undurchdringbare Kraft gegen sie wirkt und dem Glück im Wege steht. Als ob es zu Hindernissen kommt, die mit den eigenen Einsichten und aus eigener Kraft nicht zu beseitigen sind. Oft weiß man auch gar nicht, was wirklich die Ursache des Problems ist. Viele Menschen resignieren dann in so einem Moment und geben nicht mehr ihr Bestes, um noch jemanden zu finden.

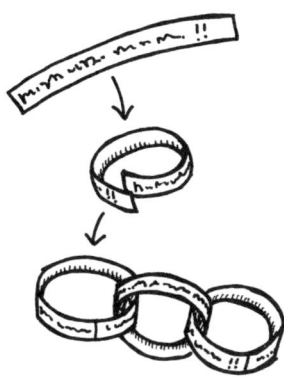

Das folgende Ritual kann deinen Entschluss, einen Partner zu finden, unterstützen und verstärken. Unabhängig davon, ob du selbst noch Hoffnung hast oder inwiefern du noch weißt, was du tun kannst oder nicht. Mit dem Ritual gibst du dem Entschluss, einen Partner zu finden, eine äußerliche Form, er wird auf symbolische Weise sichtbar.

Nimm dir für dieses Ritual einige Papierbögen, Stifte, Tesafilm oder Alleskleber. Schneide einen Bogen Papier in zehn bis zwölf Streifen. Aus diesen Streifen bastelst du zu einem späteren Zeitpunkt eine Kette, indem du jeden Streifen zu einem Kreis formst und anschließend die Enden aneinander klebst, nachdem du die verschiedenen Glieder ineinander gehängt hast.

Wenn du alle Utensilien zusammen hast, nimm dir erst einen Moment Zeit, bevor du mit der Übung beginnst. Überlege dir, welche Faktoren dich behindern auf der Suche nach einem Partner. Das können wieder bestimmte Glaubenssätze sein, so wie sie auch schon in vorherigen Übungen angesprochen wurden. Hier noch ein paar Beispiele: „Alle normalen Männer sind schon vergeben, es gibt keine netten Männer mehr. Die einzigen, die noch frei herumlaufen, sind chaotisch und halbe Psychopathen", „Ich bin unattraktiv, mein Hintern ist zu fett, meine Beine sind zu kurz, ich falle gar nicht auf", „Ich finde keine passende Frau", „Ich sehe einfach nie, wenn mich jemand gut findet. Ich merke nie, dass jemand mit mir flirtet. Dadurch verpasse ich alle meine Chancen", „Junge Frauen benehmen sich genauso wie aggressive Männer. Ich fühle mich überhaupt nicht wohl bei ihnen", „Ich bin zu alt, alte Leute haben keine Chance mehr". Wenn du dich erst einmal hinsetzt und den Gedanken und Gefühlen der Enttäuschung freien Lauf lässt, wird es dir sicher nicht schwer fallen, dir verschiedene Sätze zu überlegen. Nimm dir für jeden Satz einen Streifen Papier und schreibe den Satz auf. Sorge dafür, dass du mindestens zehn bis zwölf Sätze aufgeschrieben hast.

Bastele nun die Kette aus den Papierstreifen und binde die äußersten zwei Glieder an deine Handgelenke. Du bist jetzt also an deinen Händen gefesselt. Die Kette ist ein Symbol für deine Ohnmacht. Du bist Einflüssen und Faktoren ausgeliefert, die nicht in deiner Macht stehen, die nicht in deiner Hand liegen und die deine Bewegungsfreiheit einschränken.

Richte dich jetzt an die Kräfte, die dich unterstützen können, wie immer du sie nennen möchtest: Zufall, dein spiritueller Führer, deine eigene Seele, Gott … Wähle den Namen oder die Bezeichnung, die am besten zu deiner persönlichen spirituellen Erfahrungswelt passt. Richte deine Worte an eine Macht, die voll Kraft ist und einen Einfluss auf die Welt hat. Bitte um Hilfe, bete um Unterstützung. Bitte diese Macht, dir die Kraft zu verleihen, die Hindernisse, die auf deinem Weg stehen, zu überwinden, so dass du ungehindert weitergehen kannst. Bitte darum, dass die Hindernisse, die du selbst nicht beeinflussen kannst, für dich aus dem Weg geräumt werden. Bitte um Befreiung und dass dein Wunsch, einen Partner zu finden, Wirklichkeit wird. Schließe deine Augen und öffne dich für die Kraft und Unterstützung, die zu dir strömt als Antwort auf dein Gebet, auf deine Einladung. Stärke und labe dich an dem, was dir entgegenkommt. Wiederhole noch mehrere Male deine Bitten, wobei du dir jedes Mal wieder Zeit nimmst zu spüren, wie die Kraft dich erfüllt und durch dich strömt.

Nun zerreißt du die Kette, reiße sie in kleine Stücke und lasse die Fetzen auf den Boden fallen. Gehe dann ein paar Schritte nach vorne. Mache diese Schritte ganz bewusst, bleibe dabei im Kontakt mit den spirituellen Hilfskräften, die du angerufen hast, dir zu helfen. Fühle ihre Unterstützung und ihren Schutz, während du die Schritte gehst.

Du kannst das Ritual auch mit einem Freund/einer Freundin ausführen, der/die selbst auch auf der Suche ist. Ihr könnt das Ritual dann beide hintereinander ausführen. Während der eine von euch dann mit der Papierkette gefesselt ist, kann der andere vor ihm stehen und die Kraftquelle repräsentieren. Wenn um Hilfe und Unterstützung gebeten wird, kann der Helfer sagen: „Ich werde dir helfen." Anschließend kann er/sie wirklich helfen, die Kette zu lösen, ihr könnt beide zusammen die Fessel zerreißen.

Behalte die Reste der zerbrochenen Kette noch einige Tage oder Wochen in deiner Nähe auf. Lege sie zum Beispiel auf einen Altar, vor dem du meditierst, oder hänge sie an einen Ort, wo du sie regelmäßig sehen kannst. Denke jedes Mal daran, wenn du die Kettenreste siehst, dass du um die Unterstützung spiritueller Kräfte gebeten hast, die einen Einfluss auf die Welt haben, und dass du ihre Unterstützung während der Übung erfahren hast. Betrachte die zerbrochene Kette in solchen Momenten, in denen du dich machtlos fühlst. Sprich dann zu dir selbst, dass du nicht alleine bist, dass es eine Kraft gibt, die dir hilft, die Dinge, auf die du selbst keinen Einfluss hast, zu verbessern oder zu neutralisieren. Erinnere dich, wie du ihre Kraft und Unterstützung erlebt hast. Du kannst auch jederzeit erneut um Unterstützung bitten.

Lasse alte Spannungen los

Wenn es in Beziehungen zu Streitereien kommt, betreffen diese meistens die gleichen Themen. Hierdurch baut sich allmählich eine bestimmte Spannung und Frustration zu bestimmten Themen auf. Wenn eine Beziehung dann an irgendeinem Punkt beendet wird, kann die Anspannung zu diesen Themen auch weiterhin erhalten bleiben, die Sensibilität bei beiden Ex-Partnern bleibt bestehen. Falls in einer neuen Beziehung der Partner das gleiche Verhalten zeigt oder auf irgendeine Weise ein heikles Thema anschneidet, baut sich bei dem anderen direkt die gesamte Spannung aus der letzten Beziehung auf. Es beginnt sich ein ganzer Film abzuspielen, der eigentlich überhaupt nichts mit der neuen Beziehung, dem neuen Partner zu tun hat. Natürlich kann sich niemand total von seiner Vergangenheit loslösen. Doch mit dem folgenden Ritual kannst du dir bewusst machen, welchen alten Ballast und welche Probleme aus früheren Beziehungen du nicht einfach so auf neue Beziehungen übertragen willst.

Stelle eine Liste zusammen mit allen Dingen, die dich in früheren Beziehungen immer wieder störten. Dabei kann es sich um bestimmte Merkmale deines Ex-Partners handeln, der/die zum Beispiel alles beschönigte, dich links liegen ließ oder dich als Fußabtreter benutzte. Es können auch bestimmte Themen sein, die jedes Mal wieder Stress, Angst oder heftigen Streit auslösten. Es geht nicht um einzelne Erlebnisse, sondern gerade um die immer wiederkehrenden Auseinandersetzungen und Spannungen.

Überlege dir für jedes Thema auf deiner Liste ein Symbol und zeichne dieses Symbol auf einen extra Zettel. Du kannst auch zu jedem Thema eine Karte mit einer passenden Abbildung kaufen. Schreibe zusätzlich ein bis zwei Schlüsselwörter unter die Abbildung oder füge das Symbol hinzu, das den Kern des Problems zusammenfasst.

Nimm nun den Stapel mit den Symbolen in deine Hand und stelle dir vor, dass dein Ex-Partner neben dir steht. Erkenne, dass die Themen, die immer wieder zu Konflikten in eurer Beziehung geführt haben, zu euch beiden gehören, sie gehören nicht automatisch in jede Beziehung. Die Beziehung, in der diese Themen eine Rolle spielten, ist jetzt vorbei. Lasse sie also los, zusammen mit deinem Ex-Partner. Dafür kannst du eine Kerze anzünden und jeden Zettel, jedes Symbol einzeln verbrennen. Eine andere Möglichkeit ist es, die Karten zu begraben oder in ein fließendes Gewässer zu werfen. Fasse den bewussten Entschluss, bei einer neuen Beziehung nicht automatisch in die alten Muster zu verfallen.

In den Fußspuren von Mister (oder Misses) Wrong

Viele Menschen hatten oder haben Beziehungen mit Partnern, die eigentlich nicht wirklich verfügbar waren oder sind. Vielleicht war dein/e Ex mit seiner/ihrer Arbeit verheiratet oder hing noch zu viel an einem alten Partner oder den Eltern? Möglicherweise hat er/sie sich nie richtig für dich entschieden und zweifelte ständig, ob er/sie die Beziehung aufrechterhalten sollte oder nicht, ein Prozess der sich Jahre lang hinzog ...

Stelle dir für diese Übung in Gedanken in allen Details eine Person vor, für die du nur an zweiter Stelle standest oder stehst. Vielleicht erinnerst du dich an jemandem aus deiner Vergangenheit, aber du kannst dir auch in deiner Fantasie eine Person ausdenken, die eine Kombination von verschiedenen Ex-Partnern ist. Stelle dir nun vor, dass diese Person durch das Zimmer läuft und dass seine/ihre Fußspuren auf dem Boden zu sehen sind. Laufe hinter ihm/ihr her und trete dabei exakt in die Fußspuren des anderen. Sieh es in allen Details vor dir, wie der andere durch deine Wohnung läuft und du ihm/ihr folgst. Aber nicht auf deinem eigenen Weg, sondern den Fußspuren des anderen folgend. Gehe bei dieser Übung auch in Wirklichkeit kreuz und quer durch deine Wohnung. Mache keinen eigenen Schritt, folge wirklich nur denen des anderen.

Lasse alle Gefühle nach oben kommen, die du damals hattest, als du an zweiter Stelle kamst und nicht auf dem ersten Platz standest, in der Zeit, als ständig jemand oder etwas anderes wichtiger war als du. Setze inzwischen deinen Gang fort, folge dem anderen, ohne auch nur einen eigenen Schritt zu gehen, eine eigene Entscheidung zu fällen. Stelle dir weiterhin die Fußspuren des anderen auf dem Boden vor und folge ihnen Schritt für Schritt. Mache diese Übung für mindestens fünfzehn Minuten, bis zu dem Moment, in dem du wirklich genug davon hast. Erinnere dich daran, wie du früher wahrscheinlich in vielen Momenten auch genug davon hattest, an zweiter Stelle zu stehen, aber trotzdem immer lieb hinter dem anderen hergetrottet bist.

Fasse jetzt bewusst die Entscheidung, nicht länger hinter dieser Art Mann oder Frau herzulaufen. Tritt aus der Spur, die der andere dir vorgibt. In deiner Vorstellung kannst du die andere Person auch anhalten und ihr sagen, dass du dieses Spiel nicht länger mitspielen wirst, in dem nur der andere die Regeln bestimmt. Verabschiede dich auf jeden Fall von dieser Person und bewege dich auf deinem eigenen Weg weiter, folge dem anderen nicht länger. Entschließe dich, wenn du wieder einen Partner bekommen solltest, der dich links liegen lässt, es direkt anzusprechen und unmittelbar dieses Spiel zu beenden.

Diese Übung kann auch gut mit einem Freund/einer Freundin ausgeführt werden, der/die die Rolle von Mr. oder Mrs. Wrong spielt. Er oder sie muss dafür einfach nur eine Viertelstunde durch dein Haus laufen, kreuz und quer, so wie es ihm/ihr beliebt. Du läufst einfach die ganze Zeit hinterher, bis zu dem Moment, in dem du dich entscheidest, das nicht weiter zu tun, und du anschließend deinen eigenen Weg gehst.

Reinige den Weg

Markiere einen symbolischen Weg mit einem Start- und einem Endpunkt. Der Startpunkt ist ein Papier, auf das du dein Geburtsdatum geschrieben hast, der Endpunkt ein Papier mit dem Da-

tum, an dem du das Ritual ausführst. Lege die beiden Zettel in einem Abstand von ungefähr vier bis fünf Metern auf den Boden. Zwischen diesen zwei Papieren verläuft ein Weg aus der Vergangenheit bis zu dem jetzigen Moment. Stelle dich auf den Zettel mit deinem Geburtsdatum und sammele in Gedanken alle Faktoren, die unter anderem einen Einfluss darauf haben, dass du zum heutigen Zeitpunkt ohne Partner bist. Heiße alle Umstände und Einflüsse willkommen und lasse sie einen Platz einnehmen entlang diesem Weg. Sage dann laut, dass du einen Partner in deinem Leben willst und dass du dafür symbolisch von dem Moment deiner Geburt an in die Gegenwart laufen willst, um dort schließlich einem Partner zu begegnen.

Verlasse dann das Papier mit deinem Geburtsdatum und gehe ganz langsam und gesammelt, Schritt für Schritt, in die Richtung des anderen Zettels. Schließe hin und wieder deine Augen und richte deine Aufmerksamkeit auf den Weg. Stelle dir vor, wie du den Weg reinigst und wie alle Faktoren, die eine Rolle dabei spielten, dass du heute keinen Partner hast, neutralisiert oder beseitigt werden. Vielleicht begehst du den Weg mit einem gedachten Flammenwerfer und verbrennst alles, was dir nicht gefällt oder im Weg steht. Eine andere Möglichkeit ist es, nicht in der Fantasie zu handeln, sondern auf deinem Weg einen echten Staubsauger oder Wischmopp mitzunehmen, um damit die vorgestellten Spinnweben wegzufegen, die deinen Weg behindern. Du kannst auch eine Werkzeugkiste mitnehmen und die möglichen Löcher im Holzzaun reparieren, der den Weg säumt. Bekommst du das Bild einer Überschwemmung, stelle dir vor, wie das überschüssige Wasser abgepumpt wird. Herrscht eine Dürre, kannst du es regnen lassen, so dass die Wüste fruchtbar wird.

Was du auch siehst oder dir vorstellst, räume das weg, was unnötig ist; reinige, was schmutzig ist; stärke, was schwach ist, und repariere, was beschädigt ist. Öffne zwischendurch deine Augen und stelle sicher, dass du noch immer in Richtung Gegenwart läufst. Gehe diesen Weg zwei-/dreimal oder so oft du brauchst, um alles zu reinigen und aufzuräumen.

Nachdem du mehrere Male verschiedene Dinge auf dem Weg verändert hast, beginne noch einmal von vorne. Lade dieses Mal aber die Kräfte ein, die es möglich machen, dass du einen Partner findest. Bitte diese positiven Kräfte, Faktoren und Umstände, sich auf und entlang dem Weg anzusiedeln. Gehe dann wieder mehrere Male den Weg entlang und stelle dir vor, wie du den neuen Kräften jeweils einen passenden Platz gibst. Kräftige mit ihnen zusammen den Weg, reinige erneut, dort wo es nötig ist, aber dieses Mal mit ihnen zusammen. Mache den Weg frei und schön.

Beende schließlich das Ritual, indem du dich auf das Papier mit dem gegenwärtigen Datum stellst und dich für einen neuen Partner öffnest. Bemerke, dass der Weg hinter dir sich jetzt ganz anders anfühlt als zu Beginn der Übung. Spüre, wie du alles gereinigt und aufgeräumt hast und wie die neuen Kräfte, die dich unterstützen, ihren passenden Platz auf deinem Lebensweg eingenommen haben. Wenn du damit fertig bist, stelle dir vor, wie du diesen wiederhergestellten und gereinigten Weg in dich aufnimmst, verinnerlichst, als ob er ein Maßband wäre, das sich automatisch zusammenrollt und das du in deinem Inneren bewahren kannst. Begrüße dann einen neuen Partner in deinem Herzen und gehe schließlich einen Schritt nach vorne in Richtung Zukunft.

3 Vorfahren, Familie, Kinder

Wie schon mehrmals beschrieben, gibt es verschiedene Faktoren, die eine Rolle spielen, wenn jemand einen Partner sucht, dabei aber keine positiven Resultate erzielt. Wenn du schon seit langem einen Partner suchst – und bisher ohne Erfolg –, kann es vielleicht hilfreich sein, die Familienstrukturen und die Geschichte deiner Vorfahren zu untersuchen. Die Herkunftsfamilie hat einen großen Einfluss auf uns. Natürlich kann sich jeder frei entwickeln und sich ab einem bestimmten Punkt dazu entscheiden, mehr Abstand von den Normen und Werten zu nehmen, die in der Familie wichtig waren. Doch trotzdem kann der Einfluss der Familie nur zu einem begrenzten Teil ungeschehen gemacht werden.

Familientherapeuten mit den unterschiedlichsten Hintergründen stellen immer wieder fest, dass häufig auffallende und bemerkenswerte Parallelen zwischen den Lebensläufen und Schicksalen der verschiedenen Mitglieder einer Familie wahrzunehmen sind, selbst dann, wenn schon mehrere Generationen dazwischen liegen. Bert Hellinger aus Deutschland und Anne Ancelin Schützenberger aus Frankreich sind zwei Beispiele international bekannter Therapeuten, die in den letzten Jahren große Anerkennung für ihre Arbeit auf diesem Gebiet erhalten haben.

Neben dem Einfluss der Herkunftsfamilie und der Vorfahren spielt auch noch ein weiterer Familienfaktor eine sehr wichtige Rolle beim Finden eines neuen Partners. Dieser Faktor ist, ob du selbst ein oder mehrere Kinder hast oder nicht.

Der Stammbaum

Wenn du seit langer Zeit schon keinen Partner mehr hattest, kann es möglicherweise daran liegen, dass deine heutige Situation ein Spiegelbild des Schicksals eines Familienmitgliedes aus einer früheren Generation ist. Vielleicht hattest du bisher nie

Schwierigkeiten, einen Freund/eine Freundin zu finden, aber beispielsweise seit deinem dreißigsten Geburtstag klappt es einfach nicht mehr. Wenn du nun deine Ursprungsfamilie genauer betrachtest, kannst du vielleicht feststellen, dass deine Situation genau mit der eines anderen Familienmitgliedes übereinstimmt. Vielleicht entdeckst du, dass dein Großvater oder deine Großmutter mit dreißig durch bestimmte Umstände den Partner verloren hat. Wenn eine Person in der Familie ein schweres und schwieriges Schicksal hatte, kann dieses Schicksal in manchen Fällen von einem Mitglied der Familie aus einer späteren Generation kopiert und übernommen werden. Die Gründe hierfür sind nicht immer eindeutig, und die verschiedenen therapeutischen Strömungen haben ihre eigenen Erklärungen für dieses Phänomen. Tatsache ist auf jeden Fall, dass es passiert, unabhängig von den Gründen.

Bert Hellinger geht davon aus, dass hierbei eine Intelligenz eine Rolle spielt, die er die „Familienseele" nennt. Wenn innerhalb der Familie kein Rahmen dafür geschaffen wird, zusammen das Schicksal eines einzelnen Individuums zu sehen oder anzuerkennen, weil dieses Los zum Beispiel zu schmerzhaft, zu schwer oder schamhaft besetzt ist, dann wird derjenige auf einer bestimmten Ebene aus der Familie ausgestoßen. Die Familienseele kann diese Trennung aber nicht gut ertragen und bewirkt dann, dass dieses Schicksal der Person, die ausgeschlossen wurde, erneut in Erinnerung gebracht wird. Das geschieht, indem einem Mitglied der späteren Generation das gleiche oder ein ähnliches Schicksal auferlegt wird. Es handelt sich hierbei aber nicht um eine bewusste Entscheidung der betreffenden Person, das Schicksal zu übernehmen. Im Gegenteil, diese bemerkenswerte Art der Loyalität steht vollständig außerhalb der Persönlichkeit der Betroffenen. Gerade weil es sich bei diesen Schicksalsverstrickungen nicht um bewusste Strategien handelt, besteht auf der bewussten Ebene auch keine Einsicht in diese Prozesse.

Betrachte für diese Übung also deine Familie einmal unter der Lupe. Vielleicht entdeckst du bestimmte Muster, die dir bisher nicht in den Sinn gekommen sind und die erklären, warum du bisher erfolglos auf der Suche nach einem Partner warst.

Zeichne einen Stammbaum deiner unmittelbaren Familie. Schreibe dazu alle Informationen in Bezug auf Ehen, Scheidungen und Beziehungen auf. Gib deinen Eltern einen Platz, deinen Großeltern und wenn möglich auch noch ihren Eltern und anderen Vorfahren, soweit du den Stammbaum zurückverfolgen kannst. Schreibe dann neben den Informationen über deine direkten Vorfahren auch alles auf, was du über die Beziehungsstrukturen deiner Tanten und Onkel und eventuell auch der Geschwister deiner Großeltern in Erfahrung bringen kannst. Hatten sie alle einen Lebenspartner? In welchem Alter fanden sie ihren Partner? Waren sie nur einmal verheiratet oder mehrere Male? In welchem Alter haben sie ihre Partner verloren und auf welche Weise? Durch Krankheit, Unfall, Scheidung? Gab es Menschen, die gegen ihren Willen heiraten mussten, oder welche, die homosexuell waren?

Wenn du alle Informationen zusammengetragen und aufgeschrieben hast, kannst du nun schauen, ob es bestimmte Übereinstimmungen oder Ähnlichkeiten gibt zwischen deinem Leben und dem eines oder mehrerer Familienmitglieder. Frauen finden meistens wichtige Hinweise bei den anderen Frauen des Stammbaums, Männer können bestimmte Muster bei den Männern früherer Generationen entdecken. Manchmal scheinen Situationen sich zu ähneln, das kann aber auch Zufall sein. Nicht alles, was ein bisschen übereinstimmt, muss auch tatsächlich einen Zusammenhang haben. Dennoch besteht die Möglichkeit, dass man gewisse Muster mit Hilfe des Stammbaums erkennt, die innerhalb der Familie übertragen werden. Wenn dir durch das Anfertigen des Stammbaums deutlich wird, dass deine Situation eine Spiegelung des Schicksals einer oder mehrerer Personen früherer Generationen deiner Familie ist, können die folgenden zwei Übungen nützlich sein. Dabei spielt es keine Rolle, ob das entsprechende Familienmitglied noch lebt oder nicht.

Lasst euch los

Suche dir ein Foto von dir selbst als Baby oder kleines Kind und klebe es auf ein Blatt Papier. Schreibe deinen Namen unter das

Foto. Mache das Gleiche mit einem Foto des Familienmitgliedes, dessen Schicksal du offensichtlich teilst, nimm von ihr/ihm aber ein Foto als Erwachsene/r. Wenn du keine Fotos von deinen Vorfahren oder keine Kinderfotos von dir selbst besitzt, fertige eine Zeichnung an oder wähle ein Symbol dafür aus.

Lege die zwei Blätter Papier anschließend in einem Abstand von zwei Metern auf den Boden. Stelle dich auf den Platz deines Familienmitgliedes und schaue auf deine eigene Abbildung. Während du auf dem Platz der anderen Person stehst, versetzt du dich auch in ihre/seine Rolle. Nimm dir einen Moment Zeit, dich an diesem Platz zu erden. Sprich anschließend zu deinem eigenen Foto etwa auf folgende Weise, improvisiere dabei: „Das, was mir geschah, ist mein eigenes Schicksal, nicht dein Los. Lebe du nur dein eigenes Leben, ich bin stark genug, das zu tragen, was mir widerfahren ist. Du bist frei, dein eigenes Leben zu leben. Du brauchst es nicht auf die gleiche Weise zu tun, wie ich es getan habe." Bleibe bei einfachen Sätzen und sprich mit Liebe zu dem Kind auf dem Foto. Wahrscheinlich willst du in der Position, in der du dich jetzt befindest, gar nicht, dass das Kind auf dem Foto dein Schicksal teilt, sondern du wünschst dir vielmehr von Herzen, dass es glücklich ist oder wird. Stelle dir jetzt in der Rolle des Familienmitgliedes vor, wie die Person auf dem Kinderfoto (also du selbst) in Freiheit heranwächst. Gib ihm/ihr deine Zustimmung und Segen, sein/ihr eigenes Leben zu leben.

Verlasse dann den Platz des Vorfahren und mache eine kurze Pause, um wirklich aus der Rolle zu schlüpfen. Gehe dann zu dem Platz, auf dem dein Foto liegt. Sprich zu dem Familienmitglied, während du in die Richtung schaust, in der sein Name, Foto oder Symbol liegt: „Ich akzeptiere die Freiheit, die du mir gibst. Ich werde meinen eigenen Weg gehen. Ich werde dich nicht vergessen, du bist und bleibst Teil meiner Familie. Doch ich werde meinem eigenen Weg folgen." Nimm dir Zeit, die passenden Worte zu finden. Sprich wieder in kurzen und einfachen Sätzen. Runde die Übung ab, indem du die Fotos oder Symbole aufräumst.

Diese Übung kannst du auch mit einem Freund/einer Freundin durchführen, der/die die Rolle des Vorfahren übernimmt. Der Ablauf und die Sätze bleiben dabei unverändert: Dein Freund/deine Freundin, der/die das Familienmitglied repräsentiert, stellt sich auf dessen Platz und spricht als Erstes, anschließend bist du an der Reihe.

Verändere die Verbindung

Wenn dir deutlich geworden ist, mit welchen Vorfahren du ein bestimmtes Muster teilst, überprüfe, ob es möglich ist, etwas zu entdecken, was ihr außerdem miteinander geteilt habt. Zum Beispiel einen bestimmten Stil, sich zu kleiden, das Lieblingsessen oder ein bestimmtes Verhalten. Wahrscheinlich ist das einfacher nachzuvollziehen, wenn es sich bei der Person um deinen Großvater/deine Großmutter oder Vater/Mutter handelt. Vielleicht habt/hattet ihr die gleiche Angewohnheit, eine bestimmte Farbe zu tragen, eventuell hast du auch einen Vollbart oder eine ähnliche Frisur, oder du isst ebenfalls nach jeder Mahlzeit eine Praline. Vielleicht gibt es auch eine andere, noch direktere Verbindung zwischen euch beiden. Möglicherweise trägst du einen Ring oder ein anderes Schmuckstück von ihm/ihr, oder du hast einen anderen Gegenstand von ihm/ihr geerbt oder in Gebrauch.

Nachdem du etwas Gemeinsames gefunden hast, trenne dich symbolisch davon, bewusst und mit Respekt. Trage zum Beispiel für eine gewisse Zeit eine andere Farbe, rasiere deinen Bart ab oder verändere seine Form, nimm dir einen Keks zum Kaffee anstelle einer Praline nach dem Essen. Kaufe dir einen neuen Ring oder einen neuen Brieföffner. Wähle nur eine einzige Handlung oder einen Gegenstand aus, die oder den du verändern willst. Entscheide dich für etwas Kleines und Praktisches aus dem täglichen Leben.

Solltest du keine gemeinschaftlichen Vorlieben, Gegenstände oder ein gleiches Verhalten finden, das du mit der entsprechenden Person geteilt hast, verändere einfach willkürlich eine deiner täglichen Aktivitäten oder festen Gewohnheiten. Diese Veränderung bestätigt dann deinen bewussten Entschluss, dein eigenes Leben zu leben und nicht unbewusst für den anderen zu handeln.

Wenn du den Impuls bekommst, wieder dein altes Muster aufzunehmen, denke noch einmal daran, wie sehr deine Situation mit der Geschichte des Familienmitgliedes übereinstimmte. Nimm dir in diesem Moment die Zeit, die Trennung eurer beiden Leben nochmals kurz zu bestätigen. Sage beispielsweise: „Ich will es anders tun, ich will mein eigenes Leben leben. Ich habe genug mit meinem eigenen Schicksal, auch ohne das Los meiner Großmutter/meines Großvaters auf mich zu nehmen." Du kannst dir dabei deine Vorfahren vorstellen, wie sie in Gedanken vor dir stehen, und dich direkt an sie wenden. Stell dir vor, wie sie dir ihre Zustimmung geben, die Dinge anders zu tun. Deine Vorfahren haben keinen Nutzen davon, wenn du ihr Schicksal wiederholst. Du kannst dir vielleicht vorstellen, wie sie dir ihre Zustimmung geben, dein Leben anders zu leben, und dass du frei bist, einen Partner zu finden.

Lasse die Vorfahren dann los, mit Respekt für das Schicksal, das sie getragen haben, das sie eigentlich für dich getragen haben. Richte dich wieder auf dein eigenes Leben aus.

Verheiratet mit Vater oder Mutter

Beinahe alle Eltern wünschen sich nichts mehr, als dass ihre Kinder glücklich sind und die bestmöglichen Chancen auf Erfolg haben. Darum werden alle neuen Partner auch immer mit sehr

kritischen Augen begutachtet. Wenn aber ein Elternteil ohne Ausnahme kritisch und negativ bleibt, unabhängig davon, mit welcher Art Freund/Freundin du bei ihnen auftauchst, dann gibt es zwei Möglichkeiten. Die erste Möglichkeit ist, dass sie einfach Recht haben und der neue Partner vielleicht wirklich nicht geeignet ist. Wenn sie aber wirklich alle Freunde/Freundinnen abweisen, alle Partner, dann besteht eher die Möglichkeit, dass dein Vater oder deine Mutter dich für sich selbst behalten will. Es kommt häufiger vor, als man denkt, dass jemand in gewissem Sinn mit seinem Vater oder seiner Mutter verheiratet ist.

Befindest du dich selbst in dieser Situation, sendest du unbewusst, aber deutlich an alle potenziellen Partner die Nachricht aus, dass du schon besetzt bist. Das wiederum hat zur Folge, dass du wahrscheinlich ohne Partner bleibst oder höchstens solche Menschen anziehst, die sich nicht wirklich binden wollen oder nicht ernsthaft auf der Suche nach einem Partner sind. Wenn dein Vater oder deine Mutter einen zu großen Raum in deinem Leben einnehmen, dann ist es an der Zeit zu handeln und dich symbolisch zu befreien. Mit dem folgenden Ritual kannst du die Ablösung von der Verbindung zu deinen Eltern symbolisch zum Ausdruck bringen.

Suche dir ein schönes Foto des Elternteils, um das es hier geht, aus. Gib das Foto in einen Bilderrahmen und binde einen Strick oder eine Kordel darum. Binde das andere Ende des Stricks um deinen Bauch. Sprich dann zum Foto. Sage der Person, dass du dein Leben in deine eigenen Hände nehmen willst, dass du selbst entscheiden kannst, was gut für dich ist, egal ob deine Eltern das auch so sehen oder nicht. Teile dem Elternteil auf dem Foto mit, dass du nicht dafür da bist, sie/ihn aus ihrer/seiner Einsamkeit zu retten oder um das wieder gutzumachen, was in seinem/ihren Leben schief gelaufen ist. Du bist zum Beispiel nicht die Person, welche die Schwierigkeiten in der Beziehung deiner Eltern klären muss.

Mache der Person auf dem Foto deutlich, dass du dich loslösen willst, dich frei machen willst, um dein eigenes Leben zu leben. Es ist dabei nicht nötig und auch nicht erstrebenswert, diese Worte mit Wut oder Groll zu sagen. Im Gegenteil, drücke einfach und neutral die Tatsachen aus. So wie es ist. Sprich mit Respekt.

Während dieses Rituals kann es auch sehr passend sein, deinem Vater/deiner Mutter am Ende für alles zu danken, was er/sie für dich getan hat, für alles, was in eurer Beziehung doch gut war. Danke ihm/ihr für seine/ihre gute Fürsorge und Unterstützung. Sage aber auch, dass du jetzt, trotz aller guten Dinge, auf eigenen Füßen stehen willst.

Schneide dann den Strick durch. Lasse eventuell den Teil, der um das Foto gebunden war, noch einige Tage hängen. Auf diese Weise kannst du dich jedes Mal, wenn du an dem Foto vorbeigehst, daran erinnern, dass du den Schritt getan hast, dich von dem Band deiner Mutter/deines Vaters zu befreien, um einen Partner zu finden.

Ich will Sex

In einigen Fällen ist die Situation so, dass die Eltern es eigentlich sehr schwierig finden zu sehen, dass das liebe Töchterlein/der kleine Sohnemann nicht länger Kind ist, sondern erwachsen geworden ist. Mit anderen Worten, dass ihr Kind ein sexuelles Wesen geworden ist. Wenn du diese Situation aus deinem Leben kennst, dann kann das folgende Ritual für dich ein sehr deutlicher Schritt vorwärts sein. Wiederhole das vorhergehende Ritual und sage zusätzlich noch ganz ausdrücklich das, was für dich passt, zu dem Foto. Etwa im folgenden Sinne: „Lieber Vater/ liebe Mutter, ich bin nicht länger ein Kind. Ich bin erwachsen. Ich will Sex. Ich will einen Mann/eine Frau, mit dem/der ich schlafen kann. Ich bleibe dein Kind, aber ich bin ein eigenständiges, sexuelles Wesen. Ich will Sex und darum will ich mich mit einer anderen Person verbinden, einer Person, die mir das geben kann." Sprich diese Worte aus ohne Schuldzuweisung und ohne es zu dramatisieren. Sage einfach in Würde, was Tatsache ist, nimm dann Abstand und wende dich deinem eigenen Leben zu.

Elternherz und Partnerherz

Dein Herz besteht aus verschiedenen Facetten und kann mehrere Gesichter haben. Jeder Teil deines Herzens hat andere Vorlieben und Loyalitäten. In den meisten Fällen ist das kein Problem. Aber es kann auch vorkommen, dass diese unterschiedlichen Seiten in Konflikt miteinander stehen. Wenn du beispielsweise Kinder hast und auf der Suche nach einem neuen Partner bist, dann kann es in deinem Herzen manchmal zu Spannungen oder Konflikten kommen bei der Frage, wer von den beiden Parteien an erster Stelle kommt. In so einem Fall ist es ratsam, eine deutliche Trennung zwischen den unterschiedlichen Teilen zu machen, vor allem zwischen dem „Elternherz" und dem „Partnerherz". Das ist hilfreich für dich selbst, deine Kinder und deinen neuen Partner.

Kaufe einen großen Bogen rote Pappe und schneide vier Herzen aus. Auf zwei Herzen schreibst du „Elternherz", auf die beiden anderen „Partnerherz". Lade jetzt in Gedanken deinen Ex-Partner und euer Kind/eure Kinder ein, in den Raum, in dem du das Ritual abhältst, zu kommen. Du kannst ihnen einen speziellen Platz geben, indem du Zettel mit ihren Namen auf den Boden legst. Teile ihre Plätze so ein, dass ein Dreieck entsteht: ein Platz für dich, ein Platz für deinen Ex-Partner und einen für euer Kind/eure Kinder. Bestimme außerhalb dieses Dreiecks zusätzlich noch einen Platz für einen neuen Lebenspartner für dich und auch einen Platz für einen neuen Lebenspartner für deinen Ex-Partner.

Nun beginnst du mit den Herzen zu arbeiten. Die Erklärung hört sich in erster Instanz vielleicht etwas kompliziert an, aber wenn du erst einmal mit dem Ritual beginnst, wirst du bemerken, dass es doch nicht so schwierig ist.

Lege zu Beginn ein Elternherz und ein Partnerherz auf den Platz deines Ex-Partners. Halte selbst auch ein Elternherz und ein Partnerherz in deinen Händen. Gehe dann von deinem eigenen Platz aus zu dem Platz deines Ex-Partners. Sprich einige Sätze, im Sinne von: „Ich habe dir damals mein Herz gegeben in der Hoffnung, mit dir eine gute Beziehung zu haben. Leider ist daraus nicht geworden. Ich nehme mein Partnerherz wieder zurück, und ich danke dir dafür, dass ich es eine Zeit lang dir geben konnte." Gehe anschließend auf deinen eigenen Platz zurück und lege das Partnerherz dort nieder.

Gehe jetzt zu deinen Kindern und bringe ihnen dein Elternherz. Sage ihnen, dass du sie liebst als Vater/Mutter und dass diese Liebe nicht gefährdet ist, auch jetzt nicht, da du nicht mehr mit deinem Ex-Partner zusammen bist. Dein Elternherz ist für sie reserviert und bleibt bei ihnen. Lege also dein Elternherz auf ihren Platz.

Gehe nun nochmals auf den Platz deines Ex-Partners und versetze dich dieses Mal in seine/ihre Rolle. Folge den gleichen Bewegungsabläufen, doch jetzt aus seiner/ihrer Perspektive. Gehe zuerst also zu dem Platz seines/ihres Ex-Partners (also deinem Platz), nimm aber sein/ihr Partnerherz wieder mit zurück. Bringe anschließend das Elternherz in der Rolle deines Ex-Partners zu eurem Kind/euren Kindern.

Kehre danach zurück auf deinen eigenen Platz. Nimm wahr, dass auf dem Platz eurer Kinder zwei Elternherzen liegen. Es ist wichtig, den Kindern zu erlauben, nicht nur einen Elternteil zu lieben, sondern beide Eltern. Also auch deinen Ex-Partner. Auch wenn es zwischen euch beiden schief gegangen ist, so bleibt ihr beiden die Eltern für euer Kind/eure Kinder. Daran wird sich nichts ändern.

Wenn jemand mit Kindern einen neuen Partner findet, entstehen manchmal Probleme. Eine Ursache für diese Probleme kann sein, dass der Vater/die Mutter von dem Kind verlangt, den neuen Partner als neuen Vater/neue Mutter zu akzeptieren. Aber das ist nicht möglich. Es gibt keinen neuen Vater/keine neue Mutter für das Kind, höchstens einen neuen Partner der Mutter/des Vaters. Wenn du deinem Kind zugestehen kannst, auch weiterhin deinen Ex-Partner zu lieben, dann wird es für das Kind einfacher sein, deinem neuen Partner einen Platz zu geben.

Kehren wir zurück zum Ritual. Du kannst noch einen letzten Schritt machen, indem du dein Partnerherz zum Platz des neues Partners bringst und dort hinlegst. Sage hier auch etwas im Sinne von: „Mein Partnerherz ist frei, es ist zu haben. Vielleicht ist es etwas verbeult durch meine Erfahrungen in der Vergangenheit, aber es ist erhältlich. Ich habe auch ein Elternherz, aber das bleibt bei meinen Kindern. Mein Partnerherz dagegen ist für dich da. Ich lade dich ein, in mein Leben zu kommen und es anzunehmen."

Die Übung lässt sich schön abrunden, indem du auf gleiche Weise dieselbe Bewegung auch in der Rolle deines Ex-Partners machst und sein Partnerherz an den Platz eines neuen Partners legst.

4 Was willst du?

Wenn du auf der Suche nach einem neuen Partner bist, hast du höchstwahrscheinlich ab und zu schon einmal darüber nachgedacht, wie er/sie aussehen sollte, welche Dinge du gerne mit ihm/ihr zusammen tun würdest und wie angenehm es wäre, vertraut und intim mit jemandem zu sein. Fantasien über zukünftige Partner haben allerdings so ihre Vor- und Nachteile. Zum einen können sie dich inspirieren und auf neue Ideen bringen. In deiner Fantasie ist alles möglich; in Gedanken kannst du ganz neue Wege gehen. Wenn du dir zum Beispiel in deiner Vorstellung ausmalst, wie fantastisch es wäre, mit einem Geschichtswissenschaftler verheiratet zu sein, kann dich das ermutigen, einen Studiengang in moderner Geschichte an der Volkshochschule zu belegen. Dort hältst du dann natürlich mit großen Augen Ausschau nach einem möglichen Partner. Durch deine Fantasie wirst du also auf eine deutliche Spur gebracht.

Auf der anderen Seite können die Wünsche und Fantasien dich auch einschränken. Wenn du völlig fixiert bist auf eine bestimmte Vorstellung oder sehr spezifische Kriterien, die jemand erfüllen muss, um für dich in Frage zu kommen, dann wird die Fantasie zu einer Fallgrube. Dann bist du nicht mehr offen für die Dinge, die um dich herum geschehen. Um bei dem oben genannten Beispiel zu bleiben, siehst du dann nicht die attraktive Frau/den tollen Mann hinter der Rezeption der Volkshochschule, der/die dich mit schmachtendem Blick anschaut und immer wieder vergeblich versucht, deine Aufmerksamkeit zu erlangen.

Fantasien über einen neuen Partner können dich also sowohl in eine neue Richtung leiten als auch in die Irre führen oder ablenken. Beide Seiten sind möglich. Darum folgen in diesem Kapitel Übungen, um deine Fantasie zu verstärken und konkreter zu machen ebenso wie solche, die dich motivieren, deine Fantasien loszulassen.

Ich will nichts

Es gibt Menschen, die auf der einen Seite zwar auf der Suche nach einem neuen Partner sind, aber auf der anderen Seite eigentlich vor allem das Bedürfnis haben, eine gewisse Periode lang allein zu sein. Die Versuche, einen Partner zu finden, sind dann auch nur halbherzig und nicht wirklich erfolgreich. Aber gleichzeitig traut man sich nicht wirklich, den Schritt zu machen und einfach das Alleinsein zu genießen und auf eigenen Beinen zu stehen. Er oder sie hält trotz alledem immer ein Auge offen, ob nicht vielleicht doch ein geeigneter Partner auftaucht.

Befindest du dich in dieser Situation, dass du irgendwie ein bisschen auf der Suche nach einem Partner bist, aber eigentlich lieber eine Weile allein sein und die Vorteile des Single-Daseins genießen willst, dann kannst du dir mit dem folgenden Experiment selbst erlauben, das Thema „Lebenspartner" für eine gewisse Zeit einfach total loszulassen.

Gönne dir eine Periode, in der du dich ganz auf das Alleinsein ausrichtest, anstelle auf den Wunsch, einen Partner zu finden. Vielleicht nimmst du dir einen Zeitraum von einer Woche, einem Monat oder einem halben Jahr. Lasse in dieser Zeit alle Wünsche und Vorstellungen, einen Partner zu finden, los. Wenn du zum Beispiel allein im Bett liegst, denke dann nicht: „Wie schrecklich, allein zu sein. Ich hoffe, dass das nicht mehr so lange dauert." Stattdessen denkst du besser: „Herrlich, niemand in meiner Nähe, auf den/die ich Rücksicht nehmen muss. Das ist genau das, was ich will in diesem Moment."

Fasse einen bewussten Entschluss, eine Zeit lang nicht in den Partnerwunsch zu investieren, sondern deine ganze Aufmerksamkeit ganz und gar auf dich selbst zu richten. Vielleicht bemerkst du, dass es dir eigentlich sehr gut gefällt, allein zu sein. Und du entdeckst, dass du noch nicht wirklich bereit bist, eine neue Beziehung einzugehen, dass du eigentlich einem Trugbild hinterherjagen würdest, wenn du jetzt auf Partnersuche gingest.

Wenn die vereinbarte Zeit vorbei ist, kannst du dich, wenn du willst, dazu entscheiden, das Experiment um noch eine Periode zu verlängern. Und wenn du im Laufe der Zeit besonders viel Lust spürst, aktiv einen Partner zu suchen, hast du durch dieses Experiment nichts verloren. Im Gegenteil, durch das Experiment ist deine Motivation, einen Partner zu finden, deutlicher geworden und hat sich verstärkt. Dann bist du auch wirklich bereit, eine neue Beziehung einzugehen.

Begrabe den Prinzen/die Prinzessin auf dem weißen Pferd

Wenn du schonseit langem und sehr häufig über die Qualitäten deines möglichen neuen Partners nachdenkst und fantasierst, kann ab einem gewissen Punkt keine lebende Person mehr diese Ansprüche erfüllen. Im Fernsehen, in Kinofilmen und Zeitschriften sehen wir reihenweise fantastische Männer und Frauen: Sie sind braun gebrannt, in sexy Badehosen oder Bikinis, die ihre perfekte, schlanke Top-Figuren noch unterstreichen. Mit strahlendem Lachen, strotzend vor Vitalität und Glück streicheln sie ihrem ebenso fantastischen Partner über dessen perfekt gestylten Lockenkopf … Derartige idealisierte Bilder können durch die ständige Wiederholung einen bedeutenden Einfluss auf unsere unbewussten Fantasien und Wünsche haben. Doch ein nüchterner Blick um uns herum genügt, um zu sehen, dass die Wirklichkeit etwas anders aussieht.

Verabschiede dich darum jetzt einmal bewusst von diesen Fantasien der Halbgötter und -göttinnen, die dich mit gerade gewachsenen, perlweißen Zähnen und strahlenden Augen bei den Klängen eines heißen Tangos anlachen. Entschließe dich zu diesem Schritt und begrabe die Traumprinzessin/den Traumprinzen auf dem weißen Pferd.

Kaufe oder verwende für dieses Ritual eine Barbiepuppe – ein gutes Vorbild einer Fantasie, die wenig mit der Realität des täglichen Lebens zu tun hat. Barbies gibt es inzwischen sowohl in weiblicher als auch in männlicher Ausführung; kaufe dir also das Geschlecht, das deiner Vorliebe entspricht. Kleide die Puppe auf eine Art, die deine Fantasie von einem idealen Partner wiederspiegelt. Schmücke ihn/sie mit Symbolen und Attributen, die deine unerreichbaren Träume darstellen. Schaffe dein Traumbild, je perfekter und dick aufgetragen, desto besser.

Fertige oder kaufe dir dann eine Kiste, in der du den Mann/die Frau deiner Träume auf passende Weise begraben kannst. Suche dir einen geeigneten Platz im Garten, Park oder am Strand, an dem du ungestört bist, und begrabe die Puppe dort. Das Begräbnis kann ganz spektakulär sein, zeremoniell oder klein und schlicht. Du kannst Freunde und Freundinnen dazu einladen, die vielleicht das gleiche Ritual gemacht haben, oder es für dich allein im Stillen tun. Verabschiede dich auf diese Weise von deinem Fantasiebild und entschließe dich, in Zukunft mehr auf die „normalen" Menschen zu achten, mit allen Aspekten, die zum Menschsein dazugehören, ihren guten und weniger guten Seiten. Auf diese Weise hast du die größten Chancen, dass deine Fantasien und Wünsche auch tatsächlich Wirklichkeit werden!

Der ideale Terminkalender

Stelle dir vor, dass du jetzt einen Partner hast. Wie sieht dein Tagesablauf dann aus? Beschreibe deine Fantasien bis ins kleinste Detail, so dass du dir ein konkretes Bild von deiner optimalen Beziehung machen kannst. Für diese Übung benötigst du einen leeren Terminkalender, den du in jedem Schreibwarenladen kaufen kannst. Bevor du nun beginnst, etwas in den Kalender einzutragen, nimm dir erst die Zeit, dir gut zu überlegen, was du eigentlich erwartest bzw. dir von dieser Beziehung wünschst. Dafür nimmst du dir einige Blätter Papier und zeichnest eine

Tabelle mit mehreren Spalten mit den folgenden Überschriften darauf: Alle drei Monate, alle zwei Monate, alle sechs Wochen, jeden Monat, alle drei Wochen, alle zwei Wochen, jede Woche, zwei- bis dreimal pro Woche, jeden Tag ...

Diese Spalten kannst du dann ausfüllen. Fantasiere, grübele darüber nach. Wie oft willst du mit deinem Partner in Urlaub fahren; wie oft in die Sauna gehen; wie häufig einen Waldspaziergang machen? Wie viel Sex willst du; wie oft zum Essen ausgehen; wie viele Male abends vor dem Fernseher entspannen? Lasse deiner Fantasie freien Lauf. Jedes Mal, wenn dir etwas einfällt, kannst du es in die entsprechende Spalte eintragen.

Nachdem du dir genügend Alternativen ausgedacht hast, beginnst du, den Kalender auszufüllen. Begrenze die Übung zu Beginn auf die ersten drei Monate. Was steht in deiner Tabelle in der Kategorie „alle drei Monate"? Einen Kurzurlaub im Ausland machen. Schreibe das dann in deinen Terminkalender. Was willst du alle zwei Monate erleben? Ein langes Wochenende in einer Pension verbringen. Und außerdem willst du von deinem Partner mit etwas Abenteuerlichem überrascht werden, was mindestens einen Tag lang dauert. Schreibe auch das in den Kalender. Was willst du alle sechs Wochen unternehmen? Ins Theater und zweimal ins Kino gehen. Das notierst du dann zweimal in dieser Periode von drei Monaten.

Schreibe alle Punkte über die ersten drei Monate verteilt in deinen Kalender, die du zuvor in der Tabelle gesammelt hast, genauso häufig, wie du es dir in deiner Fantasie vorstellst. Erst nachdem du damit fertig bist, ist es Zeit zu überprüfen, ob alle

Pläne auch wirklich möglich sind, und inwieweit du die Zukunft als realistisch oder als auf rosafarbenen Wolken tanzend beschrieben hast. Vergleiche deinen Fantasiekalender mit deinem täglichen Leben. Wie oft gehst du eigentlich wirklich ins Kino oder im Wald spazieren? Wenn du merkst, dass die Realität mit dem Wunsch nicht wirklich übereinstimmt, kannst du den Kalender jetzt noch etwas anpassen. Vielleicht musst du „ins Kino gehen" und „Waldspaziergang" doch in eine andere Kategorie setzen. Selbstverständlich kann der Wunschkalender besser und schöner aussehen, als dein tägliches Leben allein aussieht, aber übertreibe es nicht zu sehr.

Vergiss auch die normalen Dinge nicht, wie einen Termin beim Zahnarzt oder freie Zeit für dich, in der du keine Verpflichtungen hast. Und wie sieht es aus mit deiner Arbeit, sozialen Kontakten, mit Freunden, deiner Familie, Geburtstagsbesuchen? Gibt es dafür noch genügend Zeit? Du merkst sicher selbst, dass es in der Fantasie sehr schön, aber in der Wirklichkeit gar nicht so einfach ist, deinen Traum zu leben. Es ist also Zeit, Prioritäten festzulegen und dabei die Realität nicht aus dem Auge zu verlieren. Was willst du zusammen mit deinem neuen Partner erleben, was willst du mit anderen Freunden, was willst du allein unternehmen?

Wenn du deine Fantasie noch einmal überdacht und die Tabelle etwas angepasst hast, indem du dort, wo es nötig war, die verschiedenen Aktivitäten in andere Spalten untergebracht hast, kannst du jetzt in deinem Terminkalender erneut eine Periode von drei Monaten ausfüllen. Hast du jetzt ein besseres Gleichgewicht zwischen inspirierenden Aktivitäten, neuen Projekten und der alltäglichen Realität gefunden? Eventuell kannst du anschließend den Kalender noch einmal etwas anpassen und verändern.

Wenn du schließlich zufrieden bist, kommt die letzte Stufe dieser Übung. Kaufe oder bastele dir einen großen Wandkalender, eine Jahresübersicht, die du dir an die Wand hängen kannst. Fülle hier nun die ersten drei Monate oder das erste halbe Jahr aus. Auf diese Weise erhältst du ein inspirierendes Bild davon, wie du deine Zeit zusammen mit einem neuen Partner verbringen kannst und möchtest. Verschönere den Wandkalender mit kleinen Bildern oder passenden Zeichnungen. Willst du zum Beispiel ins Kino gehen? Dann klebe ein paar Eintrittskarten dazu. Der Terminplan ist zwar schon dafür geeignet, in die Wirklichkeit umgesetzt zu werden, aber mit extra Bildern und Aufklebern kannst du ihn noch lebendiger und inspirierender gestalten. Hänge diese Jahresübersicht an einen Platz, an dem du sie regelmäßig sehen kannst. Jedes Mal, wenn du den Plan dann siehst, stelle dir vor, dass es dein wirklicher Terminkalender ist, den du mit einem echten neuen Partner teilst.

Collage

Für die nächste Übung brauchst du einen Stapel alter Zeitschriften, eine Schere, Kleber und einen großen Bogen kräftiges Papier oder Karton. Blättere durch die Zeitschriften und schneide die Bilder oder Worte aus, die für dich Eigenschaften und Momente ausdrücken, die du gerne in einer neuen Beziehung erfahren willst oder dir für sie vorstellst. Einige Abbildungen mit nackter Haut können für Berührungen, Streicheln und Sex stehen, ein Foto von einem schönen Sonnenuntergang für die romantischen Momente, eine Teekanne für die tägliche Zweisamkeit. Denke aber nicht nur an die romantischen und harmonischen Aspekte einer Beziehung. Schneide zum Beispiel auch einen Konferenztisch aus, der symbolisch für die Diskussionen und Gespräche mit deinem Partner steht, die notwendig sind, um auf der praktischen Ebene Absprachen zu treffen und sich einig zu werden. Eine Gewitterwolke symbolisiert die Streitereien, die auch dazugehören, eine Flasche Champagner das feierliche Gefühl, nachdem der Streit wieder geschlichtet ist.

Suche dir Fotos und Abbildungen, die du schön und passend findest und die für dich die verschiedenen Aspekte einer guten, ausgeglichenen Beziehung symbolisieren. Verwende besser keine Abbildungen mit deutlich erkennbaren Gesichtern, sondern bleibe eher auf einer abstrakten Ebene. Auf diese Weise bekommt die Collage eine symbolische und trotzdem sehr konkrete Form.

Nachdem du eine Vielzahl von Abbildungen ausgeschnitten hast, zeichne auf der Pappe einen großen Kreis und sortiere darin die gesammelten Abbildungen. Klebe anschließend alles auf und hänge das Werk an einen gut sichtbaren Platz. Mache aus dieser Collage wirklich ein schönes und ansprechendes Bild, so dass deine Fantasie, jedes Mal wenn du es siehst, angespornt und stimuliert wird. Lasse die Collage auf dich wirken. Begrüße immer, wenn du sie betrachtest, in Gedanken einen neuen Partner.

Eine Brücke zwischen Fantasie und Wirklichkeit

Für diese Aufgabe verwendest du die Collage aus der letzten Übung, in der du deine Fantasie über eine Beziehung zum Ausdruck gebracht hast. Nimm dir nun eine Kordel oder einen dünnen Strick, der mehrere Meter lang ist. Stich in die Mitte der Collage ein kleines Loch, stecke das eine Ende der Kordel hindurch und klebe es an der Rückseite der Collage gut fest. Wenn du die Collage nun an der Wand befestigst, hängt die gesamte Länge der Kordel daran fest.

Stelle ein bis zwei Meter von der Collage entfernt einen Stuhl und nimm das lose Ende der Kordel in deine Hand. Spanne die Kordel langsam, bis sie ganz gespannt ist. Dadurch bildet sich eine gerade Linie zwischen dir und deinem Fantasiebild. Die Kordel symbolisiert den Weg in die Zukunft. Setze dich hin, schließe deine Augen und stelle dir vor, wie du ganz klein wirst. So klein, dass du über diese Schnur in Richtung Zukunft laufen kannst. Gehe dann in deiner Vorstellung über die Kordel und betritt die Welt deiner Fantasie in der Collage. Fantasiere über die Dinge, die du dort symbolisch abgebildet hast. Male dir in allen Farben aus, dass du wirklich einen neuen Partner hast und all diese spannenden und schönen Dinge erlebst, die dort zu sehen sind. Stelle dir auch vor, wie ihr euch streitet und anschließend der Streit wieder geschlichtet wird, alles wieder harmonisch wird. Genieße in einem Moment seine/ihre Nähe, und dann im nächsten Moment ärgerst du dich über ihn/sie. Erlebe auf diese Weise die Realität einer Partnerschaft. Nach einer gewissen Zeit rundest du die Übung ab und stellst dir vor, wie du wieder über die Kordel zurückgehst, zurück zu dir selbst auf dem Stuhl. Schlüpfe wieder in deine eigene Haut, in deinen Körper, der auf dem Stuhl sitzt.

Öffne deine Augen und betrachte die Schnur und die Abbildungen. Behalte das Bild von der Kordel, die einen Weg von der Gegenwart in die Zukunft darstellt, einen Weg, der die Gegenwart mit der Zukunft verbindet. Wenn es sich für dich passend anfühlt, kannst du auch noch deine spirituellen Helfer oder Hilfskräfte, denen du vertraust, bitten, diesen Weg zu beschützen und dir zu helfen, deinen Weg in die Zukunft zu finden und zu gehen.

Suche Kaulquappen statt Frösche

Viele Menschen, die über eine neue Beziehung fantasieren, stellen sich, ohne dass ihnen das bewusst ist, vor allem Bilder einer Beziehung vor, die schon ganz rund und fortgeschritten ist. In ihrer Fantasie fühlen sie sich mit dem neuen Partner schon völlig vertraut, und der neue Partner kennt auch genau ihre „Anwendungshinweise", wodurch alles hervorragend läuft und keine Konflikte oder Diskussionen entstehen. In der Wirklichkeit dauert es allerdings Jahre, um eine Beziehung auf diese selbstverständliche Ebene zu bringen! Solange man verliebt ist, scheint alles einfach und super zu sein, aber das liegt daran, dass der Partner in dieser Periode in einem goldenen Licht gesehen wird.

Im Laufe der Zeit geht dieser Glanz verloren, und es wird immer deutlicher, dass man hart für die Beziehung arbeiten muss. Es wäre natürlich schön, wenn man vom einen Tag auf den anderen – blink – direkt in einer harmonischen und ausgeglichenen Beziehung stehen würde.

In unseren Fantasien scheint es jedoch möglich zu sein, von Anfang an eine perfekte Beziehung zu haben. Das ist auch der Grund, warum wir die Jahre harter Arbeit vergessen, die nötig sind, um eine vertrauensvolle Verbindung entstehen zu lassen. Selbst die Phase des Verliebtseins sieht in unserer Fantasie viel rosiger aus, als sie es in Wirklichkeit ist. Selbstverständlich ist der Beginn einer Beziehung eine fantastische und inspirierende Zeit, aber dabei vergessen wir auch schnell alle Unsicherheiten, Zweifel und unangenehmen Überraschungen.

Höre darum für eine gewisse Zeit auf zu fantasieren und richte dich auf das Hier und Jetzt, auf das, was im täglichen Leben real ist. Im Moment hast du keine Beziehung, aber du besitzt die Möglichkeit, eine Beziehung zu beginnen. Deine Situation kann man mit dem Vergleich zwischen einer Kaulquappe und einem Frosch illustrieren. Der Frosch steht dabei für ein harmonisches und gereiftes Zusammensein, die Kaulquappe für die Anfangsperiode. Der Frosch ist die Beziehung, die Kaulquappe ein erstes Treffen. Es gibt zigtausend Kaulquappen, aber nur wenige davon entwickeln sich wirklich zu Fröschen. Wenn du diesen Vergleich auf das tägliche Leben überträgst, kannst du den gleichen Prozess erkennen: Jeden Tag begegnest du etlichen, noch unbekannten Menschen, und nur in ganz seltenen Fällen entwickelt sich eine solche Begegnung zu einer langjährigen Beziehung.

Was sind in deinem Fall die Kaulquappen, die unzählbaren Anfangsmomente, die alle potenziell zu etwas Größerem heranwachsen könnten? Ein Gespräch an der Kasse im Supermarkt; eine Unterhaltung mit der Bibliothekarin über einen bestimmten Autor; Kontakte auf einer Party mit Menschen, die du noch nicht kennst; eine Freundin, die dich und mehrere andere ihrer Freunde und Freundinnen bei einem Essen zusammenbringt; eine flüchtige Begrüßung auf der Straße oder im Zug …

Wenn du deine Aufmerksamkeit einmal auf die Kaulquappen richtest, anstatt auf ausgewachsene Frösche, sieht die Welt plötzlich ganz anders aus. Wenn du in deiner Fantasie auch noch mehr Kaulquappen suchst und nicht nur Frösche jagst, stimmen deine Fantasie und die Wirklichkeit automatisch viel mehr überein.

Überlege dir, wie du morgen, oder sogar heute noch, in drei Situationen mit Menschen Kontakt aufnehmen kannst auf eine Weise, die ein klitzekleines bisschen weniger unpersönlich ist als beim normalen täglichen Umgang. Nimm dafür eine einfache Situation aus dem täglichen Leben. Zum Beispiel kannst du in einem Geschäft, in dem du regelmäßig einkaufst, einmal nicht einfach nur bezahlen, sondern die Person hinter der Kasse fragen, wie lange er/sie hier schon arbeitet. Oder frage den Gemüsehändler, welches Gemüse am frischesten ist oder was er/sie selbst heute Abend essen wird. Wenn du mit einem Kollegen/einer Kollegin über sein/ihr Urlaubsziel sprichst, frage diesmal auch, wie diese Urlaubspläne entstanden sind.

Fantasiere über diese kleinen alltäglichen Situationen. Denke darüber nach, wie du diese kleinen normalen Begegnungen etwas netter und lebendiger gestalten kannst, mit etwas mehr Aufmerksamkeit, sowohl bei bekannten als auch bei unbekannten Leuten. Setze diese Fantasien sodann in die Wirklichkeit um. Dabei geht es nicht darum, dass jeder kleine Schritt auch direkt zu einer Beziehung führen muss. Im Gegenteil, es geht gerade darum, diese Idee loszulassen und einfach nur zu beobachten, wie du deine Begegnungen im täglichen Leben kreativer und mit mehr Lebensfreude gestalten kannst.

Denke daran, dass eine Partnerschaft nie als fertige, perfekte Beziehung beginnt. Der echte Beginn einer Beziehung ist der Moment, in dem zwei Menschen miteinander in Kontakt kommen. Nicht jeder Kontakt entwickelt sich zu einer Beziehung, aber jede Beziehung hat irgendwann einmal mit einem ersten Kontakt begonnen. Richte deinen Fokus also für eine bestimmte Zeitspanne mehr auf das Kontaktmachen mit anderen. Und dann nicht nur bei geeigneten Partnerkandidaten, sondern bei allen

möglichen Menschen: Männern und Frauen, alten Menschen und Kindern.
Träume von Kaulquappen und nicht von Fröschen.

„Kontaktanzeige"

Manchmal ist es schwer selbst zu wissen, was man eigentlich will. Man kann dann zeitweise nicht deutlich erkennen, was für einen selbst wichtig ist. Erkennst du das bei dir, nimm dir einmal die Zeit, dem nachzugehen. Was wünschst du dir eigentlich wirklich, wonach sehnst du dich? Schreibe das in allen Einzelheiten auf.
In Kontaktanzeigen kann man häufig etwas über die Wünsche anderer Menschen erfahren. Doch machen sie hier ihre Wünsche auf eine oberflächliche Weise deutlich. In den Kleinanzeigen stehen oft nur ein paar Stichworte, die eigentlich nichts aussagen: „Liebt gutes Essen und Spazierengehen." Bedeutet das, dass nur die Menschen, die nicht viel Wert aufs Essen legen und nie ihr Haus verlassen, nicht auf diesen Text reagieren sollen? Und auf wie viele Menschen trifft diese Anzeige überhaupt zu? Wenn du mit nur wenigen Stichworten etwas ausdrücken musst, bedeuten diese Worte eigentlich nicht viel, sie bleiben sehr allgemein. Dadurch können sich unter Umständen 95 % aller Menschen angesprochen fühlen.
In dieser Übung bekommst du zur Abwechslung einmal die Gelegenheit, ganz kleinlich zu sein und ganz spezifisch anzugeben, was du suchst und dir wünschst. Beschreibe auch die verrückten, kleinen Details. Diese Übung führst du nicht für eine andere Person durch, sondern nur für dich. Gehe deinen eigenen Wünschen auf den Grund und bringe sie auf den Punkt. Nimm dir die Zeit, eine ausgiebige Kontaktanzeige zu schreiben. Vielleicht dauert es einige Tage, bis du alles herausgefunden hast, was dir wichtig ist. Zu Beginn der Übung kannst du einfach ein paar Stichworte aufschreiben, die du dann stets weiter ausarbeitest. Beschreibe, wer du bist und was du willst. Schreibe mehrere Seiten voll, mit allen möglichen Informationen und Details.

Berichte von deiner Vergangenheit, deinem Verlangen, deinen Hoffnungen, den Dingen, die du zu bieten hast, und was du brauchst. Nenne deine Qualitäten, aber auch deine schwachen Seiten. Schmücke deine Kontaktanzeige aus mit allen Merkmalen, die du bei einem Partner erwartest und schreibe auch diese auf. Strenge dich wirklich an, klebe eventuell noch ein paar Abbildungen dazu oder ergänze das Ganze mit einem Gedicht oder einem Liedertext. Am Schluss schreibst du deinen Namen darunter.

Anschließend lies die ganze Kontaktanzeige einmal laut vor – mit oder ohne Zuhörer. Es gibt viele Menschen, die nicht in der Lage sind, ihre Wünsche deutlich zu formulieren, und wenn sie das schaffen, trauen sie sich nicht, diese laut auszusprechen. Wenn sie sich mit ihren eigenen Wünschen und ihrem tieferen Verlangen auseinandersetzen, haben sie das Gefühl, etwas Beschämendes zu tun, etwas was man nicht tut. Übe dich also darin, deine Wünsche deutlich zum Ausdruck zu bringen, gib ihnen eine Stimme, sprich sie laut aus, auch wenn niemand anderes außer dir selbst es hört. Wenn du weißt, was du willst, und dich traust, das deutlich auszudrücken, nimmst du dich selbst ernster. Es gibt dir mehr Kraft, dich für deine Wünsche einzusetzen und sie in die Realität umzusetzen.

Mit anderen Augen

Die folgende Übung kannst du als ein Spiel betrachten, das dir hilft, dein Selbstbild etwas anzupassen. Hierfür benötigst du ein aktuelles Foto von dir selbst, ein paar alte Zeitschriften mit Abbildungen, vier Blätter Papier, vier Stühle und viel Fantasie. Blättere zu Beginn durch die Zeitschriften und schneide drei größere Fotos von Menschen aus, die du auf eine bestimmte Weise attraktiv findest. Suche dir aber Abbildungen von drei unterschiedlichen Typen Mensch aus. Klebe jedes Foto anschließend auf ein einzelnes Blatt Papier, überlege dir einen Namen für diesen Mann/diese Frau und schreibe ihn unter die Abbildung. Denke dir aber nicht nur einen Namen aus, sondern zusätzlich auch noch einen Beruf, mehrere Hobbys, Adresse und Wohnort. Überlege dir die Lebensumstände dieser Person und schreibe die passenden Stichwörter unter das Foto. „Heinz, 41 Jahre alt, Büroangestellter, Hobbys: Line-Dancing, Zierfischzucht, Neubausiedlung in Berlin Ost, zweimal geschieden." Oder: „Elisabeth, 34 Jahre alt, Hamburg Elbchaussee, Geschäftsinhaberin eines erfolgreichen Marketingbüros, Hobby: Tiefseetauchen. Wohnte drei Jahre mit Partner zusammen. Wünscht sich Kinder."

Klebe auch dein eigenes Foto auf ein Papier und schreibe ein paar Informationen über dich selbst dazu. Dabei fantasierst du aber nicht, sondern bleibst bei der Realität.

Stelle nun drei Stühle in einer Reihe auf und lege die Fotos und Beschreibungen der Fantasiepersonen auf jeweils einen Stuhl. Stelle den vierten Stuhl der Reihe gegenüber und lege auf diesen dein eigenes Foto. Setze dich jetzt auf einen der Stühle der drei ausgedachten Personen. Schließe deine Augen und wiederhole für dich selbst den Namen, den du dir für diese Person ausgedacht hast. Versetze dich in seine/ihre Wirklichkeit mit Hilfe der Eigenschaften, die du aufgeschrieben hast. Stelle dir vor, du bist wirklich diese andere Person.

Der nächste Teil der Fantasieübung besteht darin, dass du dich in der Rolle der anderen Person von der Person auf dem Foto, die dir gegenübersitzt (also von dir selbst), angezogen fühlst. Öffne also deine Augen wieder und betrachte das Foto dir gegenüber. Sprich nun in der Rolle der Fantasieperson alle Aspekte aus, die du an dieser Person auf dem Foto so anziehend findest, alles, was dich an ihr (also an dir) interessiert. Was findet „Jan" so nett an dir? Was findet „Holger" so ansprechend? Was ist es, was „Cornelia" an dir so anziehend findet? Vielleicht wirkt es in erster Instanz komisch, diese Übung zu machen, da es dir vielleicht vorkommt, als ob sich alles nur in der Vorstellung abspielt und zusammengesponnen ist. Aber du wirst merken, dass in der Rolle dieser verschiedenen Charaktere wirklich unterschiedliche Gefühle und Bilder auftauchen, sobald du dich auf ihren Platz setzt und in ihre Rolle einfühlst. Die eine Person wird ganz andere Dinge an dir bewundern als die andere. Die eine Fantasiefigur findet bestimmte Aspekte vielleicht gar nicht interessant, die zweite lehnt diese Eigenschaften möglicherweise sogar ab, aber die dritte Person findet diese Seite an dir gerade sehr attraktiv. Bei dieser Übung bekommst du innerhalb kürzester Zeit drei ganz unterschiedliche Bilder von dir selbst, drei unterschiedliche Meinungen, was als gut oder umgekehrt als schwach empfunden wird. Es funktioniert wirklich, wenn du es nur probierst.

Wenn du in allen drei Rollen exakt die gleichen Dinge fühlst, dann bist du wahrscheinlich zu ernsthaft mit dieser Übung beschäftigt und hältst zu sehr an deinen eigenen Urteilen fest. Aber es ist nur ein Spiel! Versuche einfach, dich wirklich in die drei verschiedenen Rollen einzuleben, bilde dir ein, dass du wirklich etwas für die Person dir gegenüber empfindest (du selbst, sichtbar auf dem Foto), und fantasiere einfach frei drauflos. Auf dem einen Stuhl bist du dann vielleicht selbstsicher und von dir selbst überzeugt (in dieser Rolle), auf einem anderen Platz bist du eher unsicher und etwas ungeschickt. Als die eine Frau stehst du auf Männer mit starken Armen, als eine andere Frau achtest du nur auf die Augen. Der eine Mann will eine Frau, die schon ein Kind bekommen hat, da er der Meinung ist, dass sie dadurch eine gewisse Reife hat, die er wichtig findet, ein anderer Mann hat darüber überhaupt noch nie nachgedacht. Der eine steht auf einen dicken Hintern, ein anderer auf einen Knackarsch; die eine will rote Haare, die andere schwarze ...

Was immer du real über dich selbst denkst, mit diesem Spiel wirst du ganz direkt erfahren, wie relativ all diese Ideen sind, da andere Menschen dich aus einem ganz anderen Blickwinkel sehen. Du kannst zwar dein Bestes tun, attraktiv und gut auszusehen, aber Tatsache bleibt, dass andere Menschen oft auf ganz andere Aspekte achten als auf das, was du für wichtig hältst. Andere Menschen sehen gerade auch Eigenschaften und Qualitäten in dir, die du selbst nicht so schätzt oder die dir vielleicht sogar noch nie aufgefallen sind.

Ein Liebesbrief

Schreibe einen Brief an eine/n neue/n Geliebte/n. Schreibe zum Beispiel einen packenden Brief an einen Mann in deiner Fantasie, dem du in deiner Vorstellung gerade begegnet bist und der in dir gewisse Gefühle geweckt hat. Gib dir wirklich Mühe und schreibe einen schönen Brief, in dem du ihn wissen lässt, welche Gefühle er in dir ausgelöst hat, und dass du hoffst, dass auch bei ihm eine Flamme entfacht ist. Du kannst diesen Brief anschließend mit etwas Parfum bestäuben und in einen Briefumschlag stecken. Schreibe „An meinen geschätzten Freund" auf den Umschlag und stecke den Brief anschließend mit klopfendem Herzen in den Briefkasten.

Ein anderes Beispiel: Stelle dir vor, dass der Brief an eine fantastische Frau gerichtet ist, die du schon seit einiger Zeit kennst und mit der du kürzlich einen romantischen Abend verbracht hast. Und da hat es gefunkt. Beschreibe in dem Brief noch einmal diesen herrlichen Abend mit einem festlichen Diner auf einem Boot, einem Besuch in der Oper und zum krönenden Abschluss das Freudenfest zusammen im Bett. Atemberaubend!

Erzähle ihr in dem Brief, was an dieser Nacht so besonders, so magisch war, und bedanke dich mit feurigen Worten bei ihr für dieses Abenteuer … Schreibe deinen Namen unter den Brief (Vorname genügt), stecke ihn in einen Briefumschlag und schreibe „Meine heiße Flamme" oder „Scharfer Blitz" darauf. Wirf ihn danach in den Briefkasten.

Wenn du dich beim Schreiben des Briefes völlig in diese Situation versetzt, wirst du merken, dass du dich gut angeregt und voll Energie fühlst, nachdem du den Brief in den Briefkasten geworfen hast. Du weißt zwar, dass es nur ein Spiel ist, aber trotzdem hat es eine positive Wirkung auf dich. Wahrscheinlich befindest du dich nach dem Schreiben in einer heiteren und aufgeweckten Stimmung. Wenn es dir sehr viel Spaß brachte, braucht dies nicht dein letzter Liebesbrief gewesen zu sein. Schreibe mehrere Briefe an verschiedene ausgedachte Menschen.

Wer weiß, vielleicht berührst du auf diese Weise noch das Herz einer Angestellten bei der Post, die diese geheimnisvollen Briefe findet und liest. Das wäre natürlich der Hit! Das Hauptziel der Übung ist allerdings nicht, sich einen Postboten zu angeln, sondern die Kreativität zu wecken, Grenzen zu erweitern und sich entspannter zu fühlen, wenn man Kontakte knüpft. Außerdem kannst du auf diese Weise unterschiedlichste Wege entdecken, die möglich sind im Kontakt mit einer anderen Person. Wenn du verschiedene derartige Briefe geschrieben hast, wird es dir später auch bei einer realen Person leichter fallen, einige nette Zeilen aufzuschreiben, nachdem sich auf der Beziehungsebene eine kleine Öffnung ergeben hat. In deiner Fantasie hast du auf diese Weise auf jeden Fall schon ein paar inspirierende Momente mit deinen Fantasiepartnern erlebt. Und wenn sich die Gelegenheit ergibt und du einen echten Liebesbrief an eine wirkliche Person schreiben willst, wirst du merken, dass es dir nach dieser Übung viel leichter fällt.

Gib deinem Wunsch Kraft

Mit diesem Ritual kannst du deinem Wunsch mehr Kraft verleihen, eine gleichwertige Beziehung zu führen, in der gegenseitige

Liebe und Unterstützung selbstverständlich sind. Fertige dafür zuerst eine Liste an mit „kleinen Wünschen", die in deinem täglichen Leben immer wieder auftauchen, vielleicht sogar mehrere Male pro Tag. Denke dabei an praktische und ganz konkrete Bedürfnisse, wie eine Tasse Kaffee, ein Stück Schokolade, Zigaretten, ein Telefongespräch mit einem Freund/einer Freundin, eine Kleinigkeit zwischendurch für dich selbst kaufen ... Kleine, einfache Dinge, nach denen du immer wieder verlangst, auf die du immer wieder Lust hast.

Wähle jetzt einen dieser kleinen Wünsche aus. Die Übung besteht darin, die folgenden vier Tage darauf zu verzichten. Gib dem Bedürfnis nach Befriedigung des Wunsches für vier Tage nicht nach. Jedes Mal, wenn du das Verlangen verspürst, besinne dich für einen kurzen Moment darauf, dass du einen anderen Wunsch hast, der für dich viel wichtiger ist: der Wunsch, einen Partner zu finden, und damit eine langjährige Beziehung zu beginnen. Fasse ganz bewusst den Entschluss, dem „kleinen Wunsch" ein paar Tage lang nicht nachzugehen. Jedes Mal, wenn dieser „kleine Wunsch" auftaucht, gehst du in das Verlangen nach einem geeigneten Partner. Jedes Mal, wenn du dein kleines Bedürfnis nicht befriedigst, verstärkst du in deinem Bewusstsein den Entschluss, an den Dingen zu arbeiten, die dem Finden eines Partners im Wege stehen. Zeige dir auf diese Weise, dass dein Sehnen nach einem Partner wirklich ernst ist, dass dir mehr an der Erfüllung dieses großen Wunsches gelegen ist, als an der kurzzeitigen Befriedigung der kleinen Anliegen.

Wenn dir die Zeitspanne von vier Tagen gut getan hat, mache einige Tage oder eine Woche Pause und beginne dann, wenn du möchtest, die Übung erneut mit dem selben kleinen Wunsch oder einem anderen Bedürfnis. Auf diese Weise stärkst du den Gedanken, dass es dir ernst ist und du wirklich etwas tun willst. Das gibt dir Kraft, Stabilität und dem Wunsch mehr Gewicht. Durch dieses Ritual wird viel Energie mobilisiert und auf deinen „großen Wunsch" gerichtet.

5 Ein Blick in den Spiegel

Jeder Mensch urteilt über sich selbst. Es können positive und negative Urteile sein, aber es bleiben Urteile. Bei den meisten Menschen stimmt dieses Selbsturteil nur teilweise mit der Realität überein. Unabhängig davon, inwieweit das Selbstbild der Realität entspricht, hat es einen großen Einfluss darauf, wie man sich im Umgang mit anderen Menschen verhält und fühlt. Die anderen Menschen reagieren wiederum auf dein Verhalten. So kann man also sagen, dass deine Art, dich selbst zu sehen und dich zu be- und verurteilen, zum Teil bestimmt, wie andere dich behandeln und auf dich reagieren. Darum ist es nützlich, sein eigenes Selbstbild einmal unter die Lupe zu nehmen.

Aber wie funktioniert das? Es ist schwierig, ein objektives Urteil über sich selbst zu fällen. Eine Möglichkeit wäre es, andere Menschen zu fragen, die dich gut kennen und gute Absichten mit dir haben. Indem du ihnen bestimmte Fragen stellst, kannst du herausfinden, inwieweit dein Selbstbild mit der Meinung anderer übereinstimmt. Vielleicht schätzt du dich viel zu positiv ein. Du findest deine Beiträge bei Gesprächen mit deinen Freunden beispielsweise immer sehr interessant und wichtig, aber andere Menschen erfahren deine Kommentare häufig als undifferenziert und nervend. Oder du denkst, dass du spontan auf andere Menschen zugehst, während sie sich eigentlich von dir überrumpelt fühlen von deiner – in ihren Augen – aufdringlichen Art.

Auf der anderen Seite ist ein zu negatives Selbstbild auch nicht förderlich. Wenn du der festen Überzeugung bist, dass deine Zähne schlecht aussehen, und das der Grund ist, warum du immer eine Hand vor den Mund hältst, wenn du etwas sagen willst, dann denken andere wahrscheinlich, dass da etwas nicht stimmt mit dir. Wenn du sie aber nach ihrer ehrlichen Meinung über deine Zähne fragst, stellt sich heraus, dass sie deine Zähne völlig normal finden und ihnen daran noch nie etwas Ungewöhnliches aufgefallen ist. Sie schauen sowieso eher auf deine Augen, wenn sie mit dir sprechen, und achten eigentlich gar nicht auf deine Zähne. Eine andere Vorstellung wäre, dass du von dir selbst glaubst, nichts Wichtiges zu Gruppendiskussionen beizutragen, aber andere schätzen deine sorgfältig abgewogenen Beiträge gerade sehr. Wenn du mehr über dich selbst erfahren möchtest, sind nahe stehende Freunde eine gute Informationsquelle. In diesem Kapitel findest du darum mehrere Übungen, in denen dir geraten wird, deine Freunde und Freundinnen um Feedback zu fragen. Es ist schon ein merkwürdiges Phänomen: Freundschaft. Ein guter Freund oder eine gute Freundin weiß nämlich genau, was mit dir los ist oder was deine schwierigen Seiten sind, aber er/sie wird dich nur selten damit konfrontieren. Oder was tust du selbst, wenn eine gute Freundin durch eigenes Zutun in Schwierigkeiten geraten ist und dich anschließend heulend anruft? Wahrscheinlich sagst du nicht direkt: „Ja, das habe ich dir doch schon immer gesagt, du bist selbst Schuld. Ich habe genug von deinen Geschichten. Sieh dieses Mal selbst zu, wie du aus dem Schlamassel kommst", worauf du den Telefonhörer aufhängst. Nein, wahrscheinlich wirst du mit viel mehr Verständnis reagieren, wenn es sich um eine echte Freundin oder einen guten Freund handelt, und sie/ihn unterstützen: „Ach, wie schrecklich für dich. Aber es wird schon wieder besser werden, nur Mut. Sollen wir uns morgen treffen und zusammen irgendwo eine Tasse Tee trinken?"

In einer Freundschaft geht es hauptsächlich um gegenseitige Unterstützung und nicht um direkte Konfrontation oder – und das klingt vielleicht nicht so schön – um die Wahrheit. Freunde oder Freundinnen schließen einen unausgesprochenen Vertrag, sich gegenseitig zu helfen und zu unterstützen. In manchen Freundschaften kann das manchmal etwas mehr oder etwas weniger sein, aber irgendwie ist man füreinander da. Wenn du in Schwierigkeiten steckst, wird dir ein guter Freund zur Seite stehen. Freunde halten sich bezüglich der Seiten deiner Persönlichkeit, die etwas geschliffen werden müssten oder die etwas delikat sind, eher zurück. Und gerade weil Freunde nicht ständig kritisieren, sind Freundschaften so angenehm.

Wenn du den Anweisungen folgst und deine Freunde nach ihrer Meinung fragst, was sie über dich und deine schwachen Seiten denken, werden einige wahrscheinlich die Herausforderung annehmen und dir eine deutliche und klare Mitteilung machen. Dabei ist es sehr gut möglich, dass ein Feedback von einem guten Freund, da er/sie genau die verletzlichen Punkte oder blinde Flecken anspricht, so treffend ist, dass es wie ein Schlag ins Gesicht ankommt! Sei also darauf gefasst, dass die Antworten deiner Freunde auf deine Fragen aus den nächsten Übungen wirklich sehr konfrontierend sein können. Gerade weil es Menschen sind, die dich sehr gut kennen, aber bisher nur in seltenen Fällen ihre kritische Meinung über deine Schattenseiten ausgesprochen haben. Es kann vielleicht mehrere Tage dauern, bis du dich von einigen Antworten erholt hast. Vielleicht kannst du ihre Meinung überhaupt nicht akzeptieren, und du fühlst dich verraten. Es kann sogar sein, dass gewisse Dinge, die ein Freund oder eine Freundin dir sagt, für dich so unerträglich sind, dass die Freundschaft dadurch gefährdet ist oder du die Beziehung mit dieser Person beendest. Hierbei hängt es von deinem eigenen Vermögen ab, inwieweit du bereit bist, deine ungeliebten Seiten ins Rampenlicht zu stellen und dich von allen Seiten zu beleuchten. Gehe darum auch nicht direkt in die Verteidigung oder falle dein Gegenüber an. Höre einfach zu, was der/die andere zu sagen hat, und nimm es in dich auf. Denn es ist nicht möglich, die folgenden Übungen unverbindlich auszuführen.

Was immer dein Freund oder deine Freundin auch zu dir sagen wird, das Wichtigste ist, dass du stets daran denkst, dass er oder sie trotz allem dein Freund oder deine Freundin war und ist. Vielleicht hörst du auch etwas über eine negative Seite in dir, und das ist für dich schwer zu verdauen: Für den anderen war diese Seite nie ein Grund, die Freundschaft zu beenden. Und sei ehrlich: Du siehst doch auch negative Seiten oder Schwächen bei deinen Freunden oder Freundinnen, aber sprichst nicht darüber? Und du kennst auch diese negativen Aspekte des anderen, trotzdem ist die Freundschaft wertvoll und wichtig. Es sind und bleiben deine Freunde. Und – nobody's perfect!

Frage fünf Freunde

Welchen Eindruck machst du eigentlich auf andere Menschen? Wo sehen andere deine starken und schwachen Seiten? Welche Seiten können nach Einschätzung anderer unverändert bleiben und an welchen Seiten musst du arbeiten? Eine Antwort auf diese Fragen zu finden, ist ganz einfach: Frage fünf gute Freunde nach ihrer Meinung über dich. Frage sie, was sie an dir schätzen und was sie stört. Frage sie, was du ihrer Meinung nach besser tun könntest bei der Suche nach einem Partner oder was du besser lassen solltest. Sicherlich bekommst du einige bekannte Dinge zu hören, aber wahrscheinlich wirst du auch von einigen Antworten überrascht sein. Merke dir die positiven Urteile und sieh die negativen Seiten als Ansporn, dich in deinem Prozess selbst zu prüfen.

Ein Abend „reality check"

Eine Übung spezial für heterosexuelle Männer und Frauen. Schon etliche Bücher haben sich mit dem folgenden Thema befasst: Männer und Frauen wissen oft nicht, was sich beim gegenüberliegenden Geschlecht abspielt, was sie nach außen bringen und was sie eigentlich meinen. Einige Bücher berufen sich auf biologische Unterschiede der Geschlechter und erklären, dass das Gehirn bei männlichen Babys schon anders funktioniert als das Gehirn bei weiblichen Babys. Andere Wissenschaftler beziehen sich eher auf die gesellschaftlichen und sozialen Aspekte der Verschiedenheit. Die Unterschiede zwischen Frauen und Männern wecken im günstigsten Fall das Interesse für das andere Geschlecht, aber im ungünstigsten Fall führen sie nur zu stereotypischen Vorwürfen und Entfremdung.

Männer finden, dass Frauen immer nur reden wollen und zu viel von ihnen fordern. Und Frauen haben darauf ihre Antwort parat: Sie behaupten, dass man sich nie auf Männer verlassen kann, wenn es darauf ankommt, und dass Männer emotional unterentwickelt sind. Wahrscheinlich könnten wir alle zu dieser Liste noch Etliches hinzufügen. Und ohne Zweifel haben sowohl die Frauen als auch die Männer zumindest zum Teil Recht, wenn sie mit solch allgemeinen Vorwürfen argumentieren. Gleichzeitig jedoch haben derartige Urteile wenig Gutes zur Geschlechterverständigung beizutragen, zumal sie oft missachtend und wütend zum Ausdruck gebracht werden. Die Unterschiede zwischen Mann und Frau sind zwar lästig und sorgen oft für Streitigkeiten, doch das eigentliche Problem liegt darin, dass Männer und Frauen sich gegenseitig immer wieder beurteilen nach den Maßstäben, die sie für sich selbst und das Verhalten des eigenen Geschlechts als richtig empfinden. Wenn man eine Frau nach den Maßstäben eines Mannes beurteilt, wird man ihr nicht gerecht. Genauso verhält es sich im umgekehrten Fall, wenn man einen Mann nach den Maßstäben einer Frau bewertet. Auf diese Weise entsteht viel Unverständnis und Frust bei beiden Parteien.

Probiere darum noch einmal neu zu begreifen, wie der/die andere funktioniert und die Wirklichkeit sieht. Aber ohne direkt darüber zu urteilen. Auch darüber, was Männer oder Frauen beim anderen Geschlecht attraktiv und ansprechend finden, kann es nicht schaden, sich einmal die Zeit zu nehmen und sich ausführlich beim anderen Geschlecht darüber zu informieren.

Lade dafür gleich viele Freunde und Freundinnen ein, ungefähr je Geschlecht drei. Es macht nichts aus, wenn dazwischen auch ein Pärchen sitzt. Die eine Gruppe befragt nun die andere Gruppe. Versucht, während des Interviews keine Urteile auszusprechen darüber, was eurer Meinung nach realistisch wäre oder nicht. Das Ziel dieses Gesprächs ist es nicht, ein Urteil über die andere Gruppe zu fällen oder einen Konsens zu finden, sondern wirklich zu begreifen, wie das andere Geschlecht funktioniert, was der/die andere denkt, fühlt, wie die Welt auf der anderen Seite aussieht.

Du kannst diesen Abend vorbereiten, indem du deine Gäste – sowohl die Männer als auch die Frauen – im Voraus bittest, eine kleine Liste mit den Aspekten zu machen, die sie am anderen Geschlecht schätzen, den Dingen, die sie nicht verstehen, aber gerne wissen wollen, und auch was sie sich spezifisch in der Beziehung mit dem anderen Geschlecht wünschen. Geht dann im Laufe des Abends die individuellen Listen zusammen mit dem anderen Geschlecht durch. Findet die andere Partei die Wünsche oder Aspekte realistisch? Wo sind hier Probleme und Enttäuschungen zu erwarten? Versucht euch nicht gegenseitig zu überzeugen oder Recht haben zu wollen, verzettelt euch nicht in Nein!-Doch!-Streitereien. Sinn der Übung ist es, Feedback zu bekommen, deine Menschenkenntnis zu vergrößern und dich selbst aus dem Blickwinkel des anderen Geschlechts zu sehen.

Es ist sicherlich spannend, darauf zu achten, ob die Männer wirklich über sich selbst sprechen können, ohne sich von den Frauen abzugrenzen und umgekehrt. Achtet darauf, dass der Fragende keine impliziten Urteile in seinen Fragen versteckt:

– Warum fühlen Männer so wenig?
– Warum müssen Frauen immer über Gott und die Welt reden?

Halte dich selbst nicht zum Narren, das sind keine offenen Fragen, sondern Urteile! Bemüht euch, neutral zu bleiben und wirklich herauszufinden, wie das andere Geschlecht funktioniert. Wenn ihr es schafft, die Urteile wirklich für eine Weile hinter euch zu lassen, gibt es für beide Geschlechter viel zu erfahren.

Was mache ich falsch?

Berichte einigen Freunden (von dem Geschlecht, von dem auch dein zukünftiger Partner sein soll), dass du für dich selbst untersuchst, was einen Partner anziehen und abstoßen könnte. Frage sie ganz einfach und direkt: „Womit verjage ich Männer/Frauen auf meinem Weg?" Lasse es bei dieser einen Frage. Die Antwort wird wahrscheinlich sehr konfrontierend ausfallen. Wenn du vertraut bist mit der Methode des „inneren Mannes"/der „inneren Frau" zu arbeiten, kannst du die gleiche Frage auch an ihn/sie richten. Männer werden dir Dinge sagen, die du dir als Frau nicht hättest ausdenken können (und andersherum). Stelle die gleiche Frage dann auch an Personen des Geschlechts, von dem du keinen Partner suchst. Wahrscheinlich haben auch sie interessante Antworten.

Frage Mister (oder Misses) Right

Beschreibe deinen idealen Partner, überlege dir so konkret wie möglich seine Eigenschaften. Hat er/sie Kinder? Was ist sein/ihr Beruf? Was tut er/sie im täglichen Leben? Hobbys? Überlege dir anschließend, ob sich in deinem Freundes- oder Bekanntenkreis Männer oder Frauen befinden, die (mehr oder weniger) diesen Anforderungen entsprechen. Schreibe ihre Namen auf. Nimm anschließend mit diesen Personen Kontakt auf und frage sie ganz direkt, was sie attraktiv finden an einem Partner. Das gibt dir ein Bild, welche Eigenschaften ein Mensch attraktiv findet, den du gerne anziehen möchtest. Willst du für diese Zielgruppe anziehend erscheinen, kannst du entsprechend Aspekte an dir oder deinem Leben verändern.

Wie es gelaufen ist – aber jetzt die Meinung anderer

Wahrscheinlich kennst du diese Situation: Ein Pärchen, das du gut kennst, hat sich getrennt. Du hast den Prozess mit einer gewissen Distanz verfolgt, aber genug von der Geschichte mitbekommen, um zu erkennen, was hier genau schief gelaufen ist. Ein Jahr nach der Trennung hast du noch immer Kontakt mit den beiden Personen und merkst, dass die Geschichten, die beide Ex-Partner über den anderen und die Trennung erzählen, sich langsam aber sicher verändern. Sie entsprechen allmählich nicht mehr deinen eigenen Wahrnehmungen und Erinnerungen und denen anderer Freunde und Freundinnen, die die Trennung auch aus der Nähe miterlebt haben. Es scheint, als schöben die beiden Ex-Partner langsam die Schuld dem anderen zu. Oder täuschst du dich? Ist es wirklich so gewesen oder „vergessen" beide nicht plötzlich die eigenen miesen und gemeinen Stiche, die sie selbst ausgeteilt haben? Nein, es ist keine Täuschung, du siehst es richtig. Du hörst nochmals hin. Jeder hat inzwischen alles getan, was er konnte, um die Beziehung noch zu retten, aber der andere – ja, der andere –, der wollte nicht wirklich, der hat sich in den Weg gestellt und die Schwierigkeiten verursacht. Der andere saß in seinen Mustern fest. Oft haben die Geschichten der beiden Ex-Partner nach einer bestimmten Zeit nichts mehr

miteinander zu tun. Es sind dann zwei völlig unterschiedliche Versionen der gleichen Geschichte geworden.

Leider können wir uns alle nicht frei sprechen von dieser Art Verhalten. Wahrscheinlich hast du dir selbst auch so eine schöne Geschichte zusammengesponnen über den Ablauf deiner letzten Beziehung und vor allem über die Trennung. In dieser neuen Geschichte ist deine Rolle bestimmt etwas unschuldiger und freundlicher geschildert, als es in der Wirklichkeit war. Dir fällt es bei allen Menschen in deinem Umkreis auf, warum sollte es bei dir dann nicht so sein? Es ist schade, dass es für uns Menschen so schwierig ist, unsere eigenen Fehler ehrlich zu sehen und unseren eigenen Anteil am Verlauf einer Beziehung und bei der Trennung zu sehen und zu akzeptieren. Denn aus Fehlern kann man lernen – wenn man sie sieht und wahrhaben will.

Bevor du dich in eine neue Beziehung stürzt, kann es hilfreich sein, einmal zu hören, wie Freunde und Freundinnen, die dich gut kennen, deine letzte/n Beziehung/en wahrgenommen haben. Bitte darum ein paar gute Freunde/Freundinnen, deren Meinung und Urteil du normalerweise schätzt, dir ehrlich zu sagen, wie sie deine früheren Beziehungen und vor allem die Trennungsperioden erfahren haben. Auf diese Weise bekommst du wahrscheinlich Dinge über dich selbst zu hören, die dir neue Einsichten geben über Aspekte deiner Persönlichkeit, die dringend etwas entstaubt werden müssen. Frage deine Freunde einfach nach ihrer Ansicht über dieses Thema. Das einzige, was du zu tun hast, ist still zu sein, gut zuzuhören und sie nicht zu unterbrechen, bis sie ihre Version der Geschichte beendet haben. Es geht nicht darum, wer hier ‚die „Wahrheit" erzählt, höre einfach die Version deiner Freunde an. Sieh es als eine Informationsquelle, die dir eine andere Sicht auf das Geschehene geben kann. Lasse dir nicht nur von einer Person seine/ihre Beobachtungen erzählen, sondern frage mindestens drei Freunde. Auf diese Weise hörst du wahrscheinlich mehrere Male hintereinander Dinge, die du lieber nicht hören willst. Bei denen beim Zuhören alles von innen heraus protestiert und die scheinbar nicht mit deiner eigenen Version der Geschichte übereinstimmen. Wenn dir wirklich alle Freunde sehr ähnliche oder dieselben Beobachtungen mitteilen, ist es ratsam, diese auch ernst zu nehmen. Vielleicht können diese Hinweise dir eine Hilfestellung bieten, welche Fehltritte du in einer neuen Beziehung besser vermeiden solltest.

6 Schaffe Raum

Manchmal ist in deinem Freundes- oder Bekanntenkreis eine allein stehende Person, die ernsthaft behauptet, auf der Suche nach einem Partner zu sein. Wenn du dir dann aber vorstellst, diese Person würde einer geeigneten Person begegnen, bekommst du kein deutliches Bild davon, dass daraus wirklich etwas Schönes entstehen könnte. Es ist für dich offensichtlich, dass im Leben deines Freundes/deiner Freundin oder Bekannten kein Platz für eine andere Person ist. Manche Menschen haben zwar den Wunsch, einen Partner in ihrem Leben willkommen zu heißen, halten aber in Wirklichkeit keinen Platz für die andere Person frei. So kann man dann lange suchen. Aber das kommt öfter vor, als man denkt. Anstatt mehr Platz für einen neuen Partner in ihrem Leben zu schaffen, verkleinert der Großteil der Menschen, die schon seit langem ohne Partner sind, den Raum dafür immer mehr. Langsam aber sicher bekommen sie dann die Ausstrahlung und den Ruf eines verstockten Singles oder eingefleischten Junggesellen, der/die niemanden braucht und alles alleine schafft. Nun, an sich ist es natürlich besser, den Ruf zu haben, alleine gut auszukommen, zufrieden zu sein und eventuell keine Zeit für andere zu haben, statt einsam zu verschmachten und Mitleid zu erwecken. Aber wenn du einen Partner anziehen willst, muss dieser auch irgendwie das Gefühl bekommen, dass er willkommen ist und eine Aufgabe in deinem Leben hat, dass du ihn brauchst. Wenn du ihn nicht spüren lassen kannst, dass du auch andere Menschen benötigst, wirkst du nicht wirklich einladend für einen potenziellen Partner. Die folgenden Übungen helfen dir, sowohl symbolisch als auch real mehr Raum zu schaffen, so dass ein neuer Partner sich willkommen fühlt.

Raum für dich selbst

Mache es dir für diese erste Übung bequem. Setze dich in einen Sessel oder lege dich entspannt hin. Zu Beginn der Übung kon-

zentriere dich auf deinen Wunsch, einen Partner zu finden. Richte dich auf das Gefühl, etwas zu vermissen, auf die Schwere und die Leere, die du wahrscheinlich manchmal verspürst. Währenddessen lenkst du deine Aufmerksamkeit auf deinen Körper. Kannst du dieses Verlangen nach einer andere Person als Empfindung in deinem Körper spüren? Spüre genau nach, ob du einen Platz oder einen Bereich entdecken kannst, in dem das Verlangen lokalisierbar ist. Möglicherweise fühlst du im Bereich deines Herzens Kälte oder in deinem Bauch entweder ein Gefühl, teilweise abwesend zu sein, oder aber Wärme. Vielleicht kommt es dir so vor, als ob du dich nicht auf deine Beine fokussieren kannst und sie nur undeutlich wahrnehmbar sind. Oder du spürst an einer bestimmten Stelle eine Anspannung in deinen Muskeln oder eine geballte Energie. Eine derartige Stelle kann nur ganz klein sein, einen größeren Bereich in deinem Körper betreffen oder aber in einem ganzen Körperteil bemerkbar sein, wie beispielsweise in den Armen oder dem gesamten Rücken. Das Gefühl kann deutlich und konkret sein, aber auch verschleiert und subtil.

Probiere das also wahrzunehmen: Zuerst lässt du das Verlangen nach einem Partner an die Oberfläche kommen, dann richtest du einen Teil deines Bewusstseins auf deinen Körper und findest heraus, an welcher Stelle oder welchen Stellen das Verlangen fühlbar ist. Nachdem du diese Stellen wahrgenommen hast, lasse die passenden Worte zu diesen Empfindungen in dir hochkommen: warm, kalt, kühl, leer, unbestimmt, angespannt, ruhig ... Denke anschließend darüber nach, inwiefern du auf ganz praktische Weise etwas für diese Stelle tun kannst. Wie kannst du für diese Stelle sorgen, so dass es sich dort etwas angenehmer anfühlt? Ist das Gefühl, einen Partner zu vermissen, zum Beispiel an ein kaltes Gefühl im Kreuz gekoppelt, kannst du beispielsweise die nächsten Nächte mit einer Wärmflasche ins Bett gehen oder dich zwischendurch immer wieder mit deinem Rücken an die Heizung lehnen. Hast du bei dir steife und angespannte Beinmuskeln festgestellt? Dann kannst du einen Termin bei einem guten Masseur in der Sauna vereinbaren oder mehrere Male pro Tag ein paar einfache Dehn- und Streckübungen zu Hause ausführen.

Bevor du mit der Übung fortfährst, schreibe dir erst stichpunktartig ein paar konkrete Möglichkeiten oder praktische Lösungen auf, die spontan in dir hochkommen. Nimm dann erneut Kontakt mit der Stelle in deinem Körper auf, an der du die stärkste Empfindung verspürt hast. Stelle dir anschließend vor, dass dein Körper enorm groß ist, dass er zu einem großen Haus wird. Auf diese Weise kannst du in den Teil deines Körpers eintreten, in dem du das Verlangen nach einem Partner gefühlt hast, als ob es ein Zimmer ist, das du betrittst. Betritt in deiner Vorstellung also diesen Raum. Schaue dich um, wie dieser Ort aussieht, lasse deiner Fantasie freien Lauf. Ist der Raum sauber oder etwas verstaubt? Fühlt es sich dort warm oder kalt an? Siehst du dort Möbel oder andere Dinge? Gefallen sie dir? Sind die Gardinen und Teppiche noch in Ordnung? Schaue dir alle Details an. Gibt es ein Telefon oder eine andere Verbindung mit der Außenwelt? Kann man die Fenster öffnen, lässt sich die Tür verschließen, wenn man das will? Sind alle Gegenstände alt und verschlissen oder stehen überall noch unausgepackte Umzugskisten herum und andere Sachen, die noch nie gebraucht wurden?

Überlege dir, was du an diesem Ort tun kannst, um ihn in einen Raum zu verwandeln, in dem du dich wirklich wohl fühlst. In deiner Fantasie kannst du zum Beispiel einen Kamin bauen oder dir vorstellen, dass der Raum eine fantastische Aussicht hat und du einen schönen, kuscheligen Teppich ausrollst. Du brauchst nicht alles auf einmal zu verbessern, aber wenn du diese Übung zum ersten Mal machst, verändere mindestens ein oder zwei Dinge, auch wenn es sich dabei nur um kleine Veränderungen handelt. Zum Beispiel kannst du einfach etwas Staub wischen oder ein paar Stühle, die dir nicht gefallen, ins Nichts auflösen lassen. Wenn du damit fertig bist, richte deine Aufmerksamkeit wieder auf das Hier und Jetzt. Spüre den Stuhl, auf dem du sitzt, oder die Couch, auf der du liegst.

Du kannst diese Übung beliebig oft wiederholen, bis der innere Raum ein Platz geworden ist, mit dem du völlig zufrieden bist. Auch wenn du vielleicht möglichst schnell einen Partner in diesem schönen Zimmer empfangen würdest, warte ab, bis es ein Ort geworden ist, an dem du dich auch alleine gut fühlst und den du gerne alleine aufsuchst.

Achte darauf, dass der Raum nicht zu voll wird. Es muss ein Raum sein, in dem noch genügend Platz für eine andere Person bleibt. Schaffe einen Raum, in dem du dich selbst zu Hause fühlst und in dem auch eine andere Person sich wohl fühlen kann. Sorge dafür, dass dafür genug Platz und Licht ist. Achte auch darauf, dass das Zimmer lebt, indem du beispielsweise ein paar schöne Pflanzen hineinstellst. Es ist auch in Ordnung, dir einzelne Bücher vorzustellen, aber visualisiere besser keine riesigen Bücherregale, da Lesen auch ein Ablenkungsmanöver sein kann, um die Sehnsucht nach einem Partner nicht zu spüren. Genauso können sechs Kaninchen in einem Stall sehr einladend sein, sie zu streicheln. Aber wenn du dein Bedürfnis nach Zärtlichkeiten mit einem Partner über das Streicheln der Kaninchen befriedigst, hast du eigentlich einen Ersatzpartner in deinem inneren Raum manifestiert. Stelle das Zimmer also nicht zu voll, lasse auch noch ausreichend Platz für neue Einflüsse, allerdings ohne dass das Zimmer kalt und leer erscheint. Kehre regelmäßig an diesen Ort zurück und pflege ihn sorgfältig.

Wenn der Raum vollkommen in Ordnung ist, du dich darin wohl fühlst und auch das Gefühl hast, ein anderer kann sich hier willkommen fühlen, ist deine Arbeit eigentlich vollbracht. Dann brauchst du nur hin und wieder das Bild dieses Raumes in deinem Körper in deine Erinnerung zu rufen. Wenn du zwischendurch einen Moment Zeit hast, dich zu entspannen, und du an diesen Raum denkst, kannst du im Schnelldurchlauf noch einmal durch alle Phasen gehen: Fühle das Verlangen nach einem Partner, lokalisiere den Ort, an dem du dieses Gefühl in deinem Körper wahrnimmst, stelle dir deinen Körper als Haus vor und betritt den Raum. Wahrscheinlich wird sich im Laufe der Zeit das Bild dieses Zimmers etwas verändern. So kann der Raum zum Beispiel allmählich größer und geräumiger werden, oder eines Tages entdeckst du einen Rohrbruch. Die Pflanzen sind vielleicht etwas vertrocknet oder blühen gerade ganz unerwartet. Wenn dir etwas auffällt, das eine Reparatur oder etwas Fürsorge benötigt, nimm dir die Zeit, alles wieder in Ordnung zu bringen. Sorge dafür, dass ausreichend Raum und Ruhe die wesentlichen Aspekte in diesem Zimmer sind.

Wenn sich eine Öffnung ergibt

Jeder kennt sicherlich die kurzen, intensiven Momente, in denen man den Augenblick genießt, in denen man sich herrlich fühlt und mit allen Sinnen wahrnimmt. Das Gefühl der warmen Sonnenstrahlen auf der Haut nach einem kalten Winter, ein erfrischendes Bier an einem heißen Tag im Garten, eine Massage, dich nach dem Duschen mit einem kuscheligen, warmen Handtuch abtrocknen, das du erst auf die Heizung gelegt hast, nach einem anstrengenden Tag ganz entspannt auf der Couch in den Schlaf fallen …

In den Momenten, in denen du diese Art angenehm sinnlicher Erfahrungen hast, entspannst du völlig, und etwas öffnet sich in dir. In solch einem Moment kannst du folgende kurze Übung durchführen. Stelle dir vor, dass du beim nächsten Mal, wenn du diese natürliche Entspannung fühlst und die dazugehörende Öffnung erfährst, die spontane innere Bewegung des Sichöffnens vergrößerst. Während du die Erfahrung genießt, stelle dir vor, wie dein Herz sich völlig öffnet, sich ausdehnt und du darin einen neuen Partner begrüßt. Ebenso wie ein Surfer die Kraft einer Welle nutzt, um mit seinem Surfbrett in Bewegung zu kommen, so nutzt du die spontane Öffnung, die bei einem angenehmen, sinnlichen Erlebnis entsteht. Du vergrößerst und stärkst diese Öffnung und lädst einen Partner in diesen Raum ein, der für einen Augenblick spürbar ist.

Gib Raum

Schließe für einen Moment deine Augen und stelle dir in deinen Gedanken vor, dass du gerade eine neue Beziehung aufbaust. Du bist jemandem begegnet, ihr habt euch mehrere Male getroffen und euch gegenseitig besucht. Es scheint wirklich etwas Bleibendes zu sein. Dann habt ihr miteinander geschlafen, noch ganz vorsichtig, und auch das war eine schöne Erfahrung. Versetze dich wirklich in diese Situation ...

Öffne dann deine Augen und schaue dir deine Wohnung an. Stelle dir vor, deine Vorstellung würde Wirklichkeit. Was müsste dann in deiner Wohnung verändert werden, um Raum für diese Fantasie zu schaffen? Wie verhält sich diese Fantasie im Verhältnis zu deiner Wohnung? Was passt zu dir als allein stehende/r Frau/Mann, aber nicht als Person, die regelmäßig einen Partner zu Besuch bekommt? Wenn du ins Badezimmer gehst, steht dort alles voll mit Fläschchen, Tuben und anderen Dingen, so dass gar kein Platz wäre für den Rasierpinsel eines neuen Partners, dem du frisch begegnet bist und der manchmal bei dir übernachten wird. Ist das Waschbecken schmutzig und liegen auf der Ablage und im Waschbecken überall schwarze Haare, die du aus deiner Nase gezupft hast? Und wie sieht der Abfalleimer unter dem Waschbecken aus? Wird er regelmäßig entleert und sauber gemacht? Oder würde sich jeder abwenden, der ihn sieht? Komme zurück zu deinem Fantasiebild. Stelle dir vor, deine Traumfrau oder dein Traummann käme morgen (wieder) zu Besuch. Wie richtest du deine Wohnung ein, so dass für euch beide Platz ist? Teile zum Beispiel die Ablage im Badezimmer in zwei Teile: einen für dich und die andere Seite für deinen (imaginären) Partner. Packe es wirklich an und schaffe tatsächlich Raum für die andere Person. Verändere deine Wohnung, bis du denkst, dass ein Partner sich genauso willkommen und wohl fühlt wie du selbst, auch in deinem Badezimmer. Schaue dir auch deine Toilette, dein Schlafzimmer und dein Wohnzimmer an. Liegen auf der Sitzgarnitur überall Kissen, alte Zeitschriften und andere Dinge herum, so dass nur ein Sitzplatz frei ist – für dich selbst und sonst niemanden? Verändere es! Begutachte deinen gesamten Lebensraum mit kritischem Blick. Schaue, inwieweit deine Einrichtung und alle Gegenstände eigentlich dein Alleinsein bestätigen und dem Nachdruck geben.

Betrachte deine Wohnung mit den Augen eines neuen Partners. Muss er/sie sich anstrengen, um sich einen Platz zu erarbeiten, oder gibt es genug Raum für ihn/sie. Kreiere diesen freien Raum. Natürlich sollte deine Wohnung dabei immer noch gemütlich und gut eingerichtet bleiben, sie sollte kein Symbol für die Leere und den Hunger nach einem Partner werden. In deinem Badezimmer braucht also nicht demonstrativ ein leeres Schränkchen an der Wand zu hängen, jedoch sollte ein bisschen Platz zwischen deinen eigenen Dingen bleiben, an den jemand anders seine/ihre Sachen hinstellen kann. Wenn jemand zu Besuch kommt, sollte diese Person nicht das Gefühl bekommen, sich ihren Platz erkämpfen zu müssen. Ob letztendlich wirklich ein/e attraktive/r Frau/Mann zu Besuch kommen wird oder nicht: Der Raum, den du für den anderen kreiert hast, ist sichtbar, tastbar, verfügbar.

Die innere Landschaft erhalten

Viele Menschen, die seit langem ohne Partner durchs Leben gehen, verschließen sich ab einem gewissen Punkt ein wenig. Be-

stimmte Aspekte ihres Lebens vertrocknen einfach, wie in einem großen Garten, in dem bestimmte Gebiete nicht mehr besucht und vernachlässigt werden, für die nicht mehr gesorgt wird. In diesen vergessenen Bereichen wird die Erde öde und verdorrt allmählich. Es geht hier nicht um die Gebiete, die wegen eines Traumas abgeschlossen oder aufgrund eines akuten, unverarbeiteten Schmerzes und tiefer Trauer vermieden werden, sondern um die Bereiche, die einfach nur etwas vernachlässigt und verkümmert sind, da sie nicht mehr aktiviert werden, nicht mehr aufgesucht werden, nicht mehr berührt werden. Eine Person, die einen verkümmerten Eindruck macht, verliert etwas von ihrer Anziehungskraft auf andere Menschen. Darum die nächste Übung.

Lenke deine Aufmerksamkeit auf deinen Körper. Spüre, wie du hier im Moment sitzt, wie du dich fühlst. Verweile dort für einen Moment. Stelle dir anschließend vor, wie es sich anfühlt, eine gute Beziehung zu haben. Dafür kannst du dich an eigenen Erinnerungen orientieren. Aber verbinde es nicht mit einer bestimmten Person, sondern lasse dieses Gefühl etwas abstrakt sein. Achte weiterhin auf deinen Körper, deine Energie. Welche Teile öffnen sich während dieser Vorstellung? Welche Gebiete, die erst vertrocknet waren, blühen wieder auf? Welche Zonen waren in Schlaf gefallen und erwachen jetzt wieder zu neuem Leben? Vielleicht spürst du bestimmte Emotionen oder spezielle körperliche Empfindungen. Eine Stelle im Kreuz, in deinen Schultern, im Bauch? Richte dein Bewusstsein mit der folgenden Visualisierung auf diese Stellen:

Stelle dir vor, dass dein Körper eine Naturlandschaft ist, ein großer Garten oder ein Park. Betritt dieses Gebiet in deiner Fantasie und suche die Stellen auf, zu denen du dich bei der Vorstellung an die Nähe eines Partners hingezogen fühlst. Erwecke diese Plätze wieder zum Leben, pflege sie und bringe sie in Ordnung. Ist in deiner Vorstellung dieses Gebiet mit Unkraut verwuchert? Dann ist es Zeit, Unkraut zu jäten und neue, schöne Blumen zu pflanzen. Siehst du überall Abfall liegen? Visualisiere einen Mülleimer und lasse den Abfall darin verschwinden. Lockere die Erde mit einer Harke etwas auf und sähe eine bunte Mischung Pflanzensamen. Gibt es nur trockenen Sand oder Pflanzen mit Dornen? Rufe dann Regenwolken, lasse es regnen und beobachte, wie die Erde das Wasser aufsaugt. Lasse die Natur blühen und strahlen, statt staubig und öde sein. Auf diese Weise machst du die innere Landschaft Schritt für Schritt wieder zugänglich, so dass es eine Freude ist, an alle Plätze dort hinzukommen. Der innere Raum erweitert sich, und die Lebenskraft – und damit auch die Anziehungskraft – kehrt zurück.

Dreckige Socken

Für Frauen, die einen Mann suchen. (Auch für Männer, die eine Frau suchen, aber dann nur in abgewandelter Form geeignet.) Ein typisches Ärgernis für viele Frauen mit einem männlichen Partner ist, dass er immer alles herumliegen lässt und nichts aufräumt: alte Socken, dreckige Unterhosen, schmutziges Geschirr und so weiter. Schaffe dir für diese Übung ein paar Herrensocken und etwas Unterwäsche an, ein paar Boxershorts und ein Unterhemd. Verteile dann die Unterwäsche und die einzelnen Socken in deiner Wohnung, zum Beispiel im Schlafzimmer, so als ob „er" wieder einmal seine Klamotten überall verstreut hätte und zum soundsovielsten Mal wieder nicht aufgeräumt hat (obwohl er weiß, dass er das tun sollte!). Verstecke auch ein paar Socken im Wäschekorb und in verschiedenen Schubladen, in die keine

Socken gehören, so dass du hin und wieder irgendwo einen Socken findest. Viele Frauen haben mir erzählt, dass es sie auf die
Palme bringen kann, wenn sie irgendwo Dinge finden, die dort
absolut nicht hingehören. Doch anscheinend gehört es einfach
zu einem Mann, dass er alles liegen lässt. Man, besser gesagt
frau, sollte sich also vielleicht besser daran gewöhnen.

Bei dieser Übung bist du jetzt also diejenige, die die Her-
renstrümpfe und Unterhosen herumliegen lässt. Stelle dir dann
vor, dass du schon seit fünf Jahren „deinem Partner" mindestens
dreimal pro Woche versuchst beizubringen, dass er selbst seine
Sachen aufräumen muss – bisher leider ohne Erfolg. Reflektiere
über die Gefühle, die das in dir hervorruft, fühle deinen Frust,
deinen Ärger, deine Wut. Die Socken sind natürlich nur das Symbol für alles, was dir nicht passt und nicht gefällt im täglichen
Umgang mit einem Mann, alles wofür du einen Mann beschul-
digen kannst. Diese Gefühle und Beschuldigungen haben möglicherweise eine Berechtigung, aber vielleicht behindern sie auch
deine Offenheit, und eventuell spielen sie eine Rolle dabei, dass
du im Moment keinen Partner in deinem Leben hast.

Finde darum neue Wege, deinen Frust und deine Wut zu
neutralisieren oder besser noch, sie umzusetzen in eine Begrüßung. Schließlich willst du doch einen Mann! Nimm dir darum
vor, jedes Mal, wenn du einen Socken findest, zu sagen: „Auch
wenn ich nicht allem zustimme, was du tust und wie du es tust,

so heiße ich dich doch willkommen. Du wirst auch mit meinen Eigenartigkeiten klarkommen müssen. Ich räume deine Socken auf, denn eine Hand wäscht die andere." Oder dachtest du wirklich, dass du selbst perfekt bist und dass dein Partner sich nicht auch jedes Mal wieder wundert, warum du bestimmte unerklärliche Dinge nicht verändern kannst (oder willst?). Genau wie eine Frau eine Art und Weise finden muss, die merkwürdigen, unverbesserlichen Seiten eines Mannes zu ertragen, so muss ein Mann auch bestimmte Dinge von Frauen erdulden, die ihn täglich in Erstaunen versetzen und zu Irritationen führen. Übe, derartige Frustrationen loszulassen. Realisiere, dass dein zukünftiger Partner und du, ihr euch regelmäßig gegenseitig nerven werdet und es hoffnungslos ist, wenn ihr euch gegenseitig verändern wollt. Es ist einfach nicht möglich, den anderen zu verändern. Begrüße den anderen immer wieder in Gedanken, auch wenn er nicht perfekt ist (nach deinen Maßstäben!).

Räume in der Übung die Socken auf, aber verteile sie zwei, drei Tage später wieder überall auf dem Boden, im Flur, unterm Bett. Derart kannst du die Übung noch einmal ausführen, jedes Mal, wenn du einen Socken findest. Mit Hilfe alter Socken und Unterwäsche beseitigst du langsam die Hindernisse zwischen Männern und Frauen, zwischen dir und einem möglichen Partner. Gleichzeitig entsteht so auch ein deutliches Bild von einem Mann in deinem Haushalt, und das ist es ja schließlich, was du dir wünschst.

Männer, die eine Frau suchen, können sich ihre eigene Variation zu dieser Übung überlegen. Überlege dir einfach, was dich schon immer an deinen Partnerinnen gestört hat. Schaffe dir diese Dinge an und verteile sie so in deiner Wohnung, dass du regelmäßig darüber stolperst. Stelle zum Beispiel sechzig Fläschchen, Tübchen und Spraydosen auf den Rand deiner Badewanne, so dass du dein eigenes Shampoo nicht mehr wiederfinden kannst. Verwandele deinen Frust anschließend in eine Begrüßung, die mehr auf der Wirklichkeit beruht als deine Fantasie, die wie eine Seifenblase beim ersten Störfaktor in der Realität zerplatzt.

7 Attraktiv und frei

Wenn du dir einen Partner wünschst und ab einem gewissen Punkt wirklich aktiv auf Partnersuche gehst, hältst du Ausschau nach attraktiven Menschen und achtest auf Signale, ob der/die andere auch wirklich frei ist. Außerdem ist es sinnvoll, deiner Außenwelt ebenfalls zu signalisieren, dass du erhältlich bist, als möglicher Partner. Wenn du wirklich einen Partner willst, kannst du das Thema Anziehung und Attraktivität nicht vermeiden. Ganz praktisch gesehen kannst du dafür dein eigenes Äußeres in Angriff nehmen: Du kannst zu einer Kosmetikerin gehen und endlich die eine Warze entfernen lassen oder dich von einer Farbberaterin beraten lassen, welche Farben dir gut stehen und welche Kleidung für dich vorteilhaft ist. Obendrein kannst du bei einem Kommunikationsberater ein Seminar belegen oder einen Kurs im Flirten und Frauen/Männer-Aufreißen besuchen. Auf diese Weise vertiefst du das Handeln, den Vorgang, jemand anders anzusprechen und dich selbst anzupreisen. Du kannst auch mit den folgenden Übungen beginnen, die nicht so sehr auf die eigentliche Handlung ausgerichtet sind, sondern viel mehr darauf, dich selbst zu prüfen und deine Kreativität einzusetzen, zu experimentieren.

Wer besetzt ist, ist begehrenswert

Es klingt wie ein Gegensatz, aber oft kann man feststellen, dass eine Person, die in festen Händen ist, für Außenstehende begehrenswert erscheint. Es ist ein merkwürdiges und faszinierendes Spiel, von dem Menschen häufig Gebrauch machen. Tatsache ist, dass sowohl Männer als auch Frauen, die einen Partner haben, es genießen, mit ihrem Partner zu prahlen. Sie finden es toll, wenn der/die Geliebte gut aussieht und einen guten Eindruck auf andere macht. Wenn man einen Partner hat, der/die attraktiv und anziehend aussieht, bedeutet das nämlich andersherum auch, dass du attraktiv sein musst, um mit so einer Person zusammen sein zu können. Das ist ein interessanter Kreislauf und findet zum Teil nur unbewusst statt. Hat jemand einen Partner, so ist er/sie auf jeden Fall begehrenswert für ihn und dadurch möglicherweise ebenso für andere Menschen.

Aber was kannst du tun, wenn du selbst ohne Partner bist? Und du weißt, dass bei der Partnersuche dein Alleinsein nicht gerade förderlich ist für deine Attraktivität? Bei einem nächsten Empfang einen Ehering zu tragen wäre vielleicht zu übertrieben. Damit stößt du wahrscheinlich die Frauen und Männer ab, die auf der Suche nach einem freien Partner sind. Oder schlimmer noch, du ziehst dann eventuell genau die Menschen an, die sich nicht wirklich binden wollen.

Versuche, das Spiel zwischen dem Erhältlich-Sein und Nicht-Erhältlich-Sein als Stimulans zu sehen für deine Kreativität. Spiele mit dem, was du nach außen an unbekannte Menschen vermittelst, und beobachte, welche Auswirkungen das auf deine Anziehungskraft hat. Erzähle das nächste Mal beim Einkaufen der Bedienung von deiner Frau/deinem Mann. Kaufe zum Beispiel ein Geburtstagsgeschenk für deinen Freund/deine Freundin. Oder suche ein Kleidungsstück für deinen Mann/deine Frau aus, wobei du beschreibst, wie groß er/sie ist. Du weißt es zwar nicht genau, aber du denkst, er/sie ist ungefähr so groß wie der/die Verkäufer/in … Indem du über deinen Partner sprichst und gleichzeitig ein wenig flirtest, kann eine erstaunliche Spannung zwischen euch entstehen. Probiere es einmal!

Eine Alternative zu dieser Übung wäre es, nicht über deinen Partner zu erzählen, sondern dir in deiner Fantasie auszumalen, wie es ist, einem Supermann/einer Superfrau auf der Spur zu sein, ihm/ihr zu begegnen. Stelle dir alle Details genau vor, bis deine Augen beginnen zu strahlen. Mache dich dann schön, ziehe dir dein Lieblingskleid an, benutze ein angenehmes Parfum. Schwinge dich auf dein Fahrrad und mache dich auf den Weg zu eurem Treffen. Denke daran, dass ihr beide verrückt aufeinander seid und es kaum noch abwarten könnt, euch wiederzusehen.

Fällt es dir schwer, dich in diese Rolle hineinzuversetzen, dann kannst du vorher noch folgenden Schritt tun: Versetze dich zuerst in die Situation, dass du ein/e professionelle/r Schauspieler/in bist. Anschließend lässt du diese/n Schauspieler/in die Rolle der verliebten Person spielen. Versuche es auf diese Weise. Wahrscheinlich wird es dir leichter fallen, wenn du diese Übung als ein Theaterstück betrachtest. Setze dich dann in ein Café, gehe in eine Einkaufsstraße, zum Flughafen oder zu irgendeinem anderen Ort, an dem du dich frei bewegen und einfach mit anderen in Kontakt kommen kannst. Mache hin und wieder Kontakt mit einem Mann/einer Frau, die du attraktiv findest, selbst wenn du weißt, dass er/sie besetzt ist. Beginne ein Gespräch. Es reicht schon, wenn du zum Beispiel fragst, ob er/sie seine/ihre Zeitung ausgelesen hat und ob du sie mitnehmen darfst. „Steht heute noch etwas in der Zeitung, was ich auf jeden Fall lesen sollte?"

Es muss nicht direkt ein langes Gespräch sein. Einige Sätze reichen schon aus. Wichtig ist, dass du überhaupt Kontakt aufnimmst. Nach einer kurzen Begegnung gehst du wieder weiter. Stelle dir währenddessen die ganze Zeit vor, dass deine große Liebe auf dich wartet und du es nicht erwarten kannst, sie/ihn wiederzusehen. Versetze dich wirklich in diese Rolle. Beginne dann wieder eine kurze Unterhaltung. Du wirst bemerken, dass du dich viel freier im Umgang mit anderen fühlst, wenn du dir vorstellst, vergeben zu sein. Und vielleicht stellst du auch fest, dass Menschen viel positiver auf dich reagieren, wenn du dir einbildest, dass alles in deinem Leben prima verläuft und du einen fantastischen Tag haben wirst, da du mit dem Mann/der Frau deines Lebens zusammen bist. Durch die freiere und selbstbewusstere Art zu kommunizieren bist du wiederum attraktiver und anziehender. Und wenn du es auf diese Weise übst, verinnerlichst du diese Eigenschaften.

Zum Neidischwerden

Wenn du seit langem ohne Partner bist, betrachtet dich wahrscheinlich ein Teil deiner Familie und deiner Bekannten mit Mitleid. Sie sehen dich als jemand, dem etwas fehlt, und suchen nach der Ursache für dein Alleinsein (und natürlich meinen sie

es immer gut mit dir!). Die negativen Ideen anderer äußern sich dann auf die Art und Weise, wie sie dich anschauen, mit dir umgehen und mit dir sprechen. Vielleicht schneiden sie bestimmte Themen jedes Mal an, wenn ihr euch trefft, oder sie vermeiden im Gespräch bestimmte Aspekte. Das kann auf lange Sicht sehr anstrengend oder gar erniedrigend sein. Die nun folgende Übung bietet ein Gegengewicht zu den negativen Urteilen und Meinungen anderer Menschen aus deinem direkten Umfeld.

Bitte eine/n gut aussehende/n Freund/in, mit dir in ein nettes Restaurant essen zu gehen. Wenn du einen Mann suchst, fragst du einen Freund, bist du auf der Suche nach einer Frau, bittest du eine Freundin, dich zu begleiten. Ist die andere Person auch gerade auf der Suche nach einem Partner, kann die Übung ein interessantes Experiment für ihn/sie sein. Spielt zusammen beim Betreten des Restaurants, beim Bestellen, Essen und Verlassen des Lokals das „ideale Paar". Übertreibt nicht zu sehr, aber macht der Außenwelt deutlich, dass ihr ein Paar seid. Haltet hin und wieder eure Hände und schaut euch in die Augen, vor allem wenn ihr mit einem Glas Wein anstoßt. Flüstert euch ab und zu etwas ins Ohr und lacht geheimnisvoll zusammen.

Verhaltet euch zurückhaltend, aber gleichzeitig auch etwas frech. Sucht euch für diese Übung ein gut besuchtes Lokal aus und spielt eure Rollen deutlich, aber subtil. Wenn du zum Beispiel von der Toilette zurückkehrst, massierst du einen Moment lang die Schultern deines „Partners", bevor du dich wieder auf deinen Platz setzt. Es geht einfach darum, dass die Menschen um euch herum ein kleines bisschen eifersüchtig auf euch werden. Oder auch etwas nostalgisch mit euch mitfühlen und es genießen können, euch als Pärchen zu beobachten. Die Übung ist gelungen, wenn euch die Menschen an den Nachbartischen ab und zu einen verstohlenen oder gerührten Blick zuwerfen. Wenn normalerweise viele Menschen dich in deinem täglichen Leben mit Mitleid anschauen und du als ein armes, partnerloses Geschöpf gesehen wirst, dann kann dir diese Übung ein sehr befreiendes Gefühl vermitteln. Wenn du nach Ablauf der Übung das Restaurant verlässt, weißt du mit Gewissheit, dass mindestens dreißig wildfremde Menschen keinen Versager in dir sehen. Im Gegenteil: für all diese Menschen bist du jetzt eine Person, die ihr Leben gut im Griff hat. Sie finden dich attraktiv und beneidenswert. Genieße dieses Gefühl!

Ein Aushängeschild

Für die nächste Übung bastelst du dir eine schöne, dreidimensionale Collage mit unterschiedlichsten Gegenständen und Abbildungen, die alle etwas symbolisieren, was für dich und dein Leben typisch ist. Suche dafür Fotos und Bilder aus, sammele Federn, Muscheln, Trockenblumen, kleine Plastiktiere und was immer geeignet ist, deine Fähigkeiten, Charaktermerkmale und Hobbys auszudrücken. Suche dir auch Beispiele dafür, was du in einer Beziehung zu bieten hast, genau wie für Aspekte, die du in einer Partnerschaft suchst. Halte deine Augen offen und suche in Zeitschriften, Spielwarenläden und Blumengeschäften danach.

Achte darauf, dass deine Unterlage stark genug ist, um die Collage zu halten. Schneide dafür zum Beispiel einen großen Kreis aus einer Pappe oder einem harten Karton. Darauf kannst du dann einen bunten, ansprechenden Untergrund kleben. Und dann beginnst du, deine gesammelten Symbole und Materialien darauf zu sortieren, bis die Collage schön und harmonisch aussieht. Verwende die Werkzeuge, die du brauchst, um deine Gegenstände auf dem Untergrund zu befestigen: Leim, Hefter, Nadel und Faden, Lötkolben ...

Während du die Collage anfertigst, sage dir selbst, welche Abbildung oder welcher Gegenstand welche Qualität von dir repräsentiert. Bist du schließlich fertig mit der Collage, hängst du sie an dein Fenster, so dass jede Person, die an deinem Haus vorbeikommt, sie anschauen kann. Oder du macht Fotos von deiner Collage und verschickst sie als Ansichtskarten an alle deine Freunde. Dabei brauchst du ihnen nicht zu erzählen, worum es sich bei diesem Objekt genau handelt. Sorge einfach dafür, dass verschiedene Menschen diese Collage sehen können und dieses Bild in die Welt geschickt wird. Es wirkt als eine Art Aushängeschild. Stelle dir vor, dass es die Kraft besitzt, geeignete Partner anzuziehen. Neben der energetisch-spirituellen Funktion der Collage ist der Prozess der Herstellung auch psychologisch einfach ein guter Schritt. Es kann sehr hilfreich sein, alle deine Wünsche und Qualitäten auf diese schöne Art gemeinsam zum Ausdruck zu bringen, ein ausgeglichenes Bild davon zu schaffen und dieses Bild anschließend anderen Menschen zu präsentieren.

Sende deine Botschaft aus

Ein Tier, das auf Partnersuche ist, kann einen bestimmten Ruf verlauten lassen, einen bestimmten Geruch verbreiten oder mit Hilfe bestimmter Farbveränderungen im Fell deutlich machen, dass es erhältlich ist und einen Partner sucht. Auch Menschen teilen sich gegenseitig mit Hilfe verschiedenster Formen nonverbaler Kommunikation mit, dass sie einen Partner suchen oder verfügbar sind. Wir senden Pheromone aus, eine Art subtile Duft- oder besser gesagt Lockstoffe, die wir nicht bewusst wahrnehmen. Aber unbewusst übermitteln wir damit deutliche Informationen an die Menschen in unserem Umfeld. Wenn wir uns von einem Menschen angezogen fühlen, machen wir uns für sie/ihn schön, zwinkern mit den Augen oder reden auf eine Art und Weise, die ein kleines bisschen anders ist als gewöhnlich.

Ausgehend davon, dass es eine Vielzahl möglicher Signale gibt, mit denen du anderen Menschen deine Partnersuche mitteilen kannst, kannst du jetzt auf unterschiedlichste Art experimentieren. Mehr im praktischen Sinne, wie beispielsweise dich für eine Party schön zu machen, aber auch auf symbolische oder spirituelle Weise. Hier folgen einige Beispiele, um deine Kreativität anzuregen.

Warte bis zum Abend, wenn es dunkel geworden ist. Schalte alle Lampen aus, so dass es auch in deinem Haus dunkel ist. Zünde eine Kerze an und setze dich davor. Stelle dir vor, dass dein Haus sich auflöst und du dich in einer weiten Landschaft befindest. Visualisiere dich in der dunklen Natur sitzend vor dieser Flamme. Der Schein der Kerze ist auch in großer Entfernung zu erkennen, so wie ein Licht immer in der Dunkelheit zu sehen ist. Stelle dir vor, dass dieses Licht aber nur für die Männer/Frauen sichtbar ist, die für dich als Partner geeignet sind. Diese Kerze ist eine Kerze mit magischen Kräften, die speziell nur für sie angezündet wurde und auch nur von ihnen bemerkt wird. Lasse in deiner Fantasie also hin und wieder einen möglichen zukünftigen Partner aus der Dunkelheit auftauchen und in deine Nähe kommen. Mache dich für ihn/sie sichtbar, begrüße ihn/sie, öffne dich für den anderen. Erfahre das Gefühl, sichtbar zu sein in der Dunkelheit. Mit dem magischen Licht kannst du in die Welt aussenden, dass du einen Partner suchst.

Die Übung bringt dir Stille und Einsicht und kann dich darin unterstützen zu lernen, dich zu entspannen in deiner Verfügbarkeit.

Eine andere Variante. Verwende einen Klang, beispielsweise den Klang einer tibetischen Klangschale oder eines anderen Musikinstrumentes, das einen singenden Ton hervorbringt.

Nimm das Instrument in deine Hand und stelle dir vor, dass es ein Aufnahmegerät ist. Sprich laut und deutlich deine Wünsche aus, einen Partner zu finden, und dass du frei und verfügbar bist für eine neue Beziehung. Stelle dir vor, wie deine Worte in dem Instrument gespeichert werden. Lasse anschließend die Klangschale erklingen oder spiele auf den Seiten einer Gitarre. Lasse die Klänge langsam anschwellen und dann wieder verebben. Male dir aus, wie deine Botschaft, die mit dem Instrument aufgenommen wurde, auf diese Weise ausgesendet wird. Sie verbreitet sich, wird sichtbar und hörbar für die Seelen der Männer/Frauen, die ebenfalls auf der Suche sind, genau wie du. Während der Klang des Instrumentes verebbt, verbreitet sich deine Botschaft in die Welt.

Eine dritte Alternative. In verschiedenen schamanischen Kulturen geht man davon aus, dass Wasser die Eigenschaft besitzt, Informationen aufzunehmen und weiterzuleiten. Nimm dir also für dieses Ritual ein Glas Wasser und halte es dicht an deinen Mund. Sprich in das Wasser deinen Wunsch, einen Lebenspartner zu finden. Sage, wer du bist und was du zu bieten hast, und mache deutlich, was du suchst. Stelle dir vor, dass du Kontakt mit einer tollen Frau/einem tollen Mann hast und ihr euch fantastisch versteht. Wiederhole diese Vorstellung mehrere Male, bis du denkst, dass das Wasser diese Informationen aufgenommen hat, dass es gefüllt ist mit deiner Geschichte. Vielleicht musst du an mehreren Tagen hintereinander die Übung mit dem gleichen Glas Wasser wiederholen, bevor du dieses Gefühl bekommst. Verwende schließlich dieses Wasser als eine Art Duftwasser, auch wenn es nicht duftet. Verteile ein paar Tropfen davon auf deinem Handgelenk und in deinem Gesicht, bevor du das Haus verlässt oder zu einem Treffen gehst. Du kannst auch Duftstoffe hinzufügen, indem du zum Beispiel dein Lieblingsparfum oder einige Tropfen ätherische Öle hineingibst. Mit diesem speziellen Wasser verbreitest du dann deinen Lockruf.

Wer gibt, ist anziehend

In einer gesunden, ausgeglichenen Beziehung wird viel gegeben: Aufmerksamkeit, Fürsorge, Zeichen der Wertschätzung, kleine Geschenke. Zwei Partner, die es zusammen gut haben, geben sich viel und sind auch in der Lage zu empfangen. Eine Person, die viel gibt und viel empfangen kann, ist also automatisch auch ein geeigneter Partner und ebenso attraktiv. Es sei denn, das Geben ist zwanghaft und geschieht aus der Angst heraus, nicht geliebt zu werden. Dann stimmt da natürlich etwas nicht.

Übe dich im Geben. Gib hin und wieder kleine Geschenke an Personen, die du gut kennst. Oder kaufe zehn schöne Karten und schicke sie an Familienmitglieder und Freunde. Lege dir einen Vorrat an mit kleinen Geschenken, so dass du immer etwas parat hast, das du als kleine Überraschung mitnehmen kannst, wenn du jemandem besuchen gehst.

Gleiches sucht Gleiches

Du willst einen Partner mit einem Waschbrettbauch? Aber wie ist es um deine eigenen Bauchmuskeln bestellt? Willst du eine Art Tarzan, aber hast selbst eine hängende Schwabbelwampe?

Wenn du deinen Fantasiepartner unter der Lupe betrachtest, vergiss nicht, dich selbst nach den gleichen Kriterien zu beurteilen! Was du von einer anderen Person willst, musst du im gewissen Rahmen auch selbst geben können und geben wollen. Gleiche Energien ziehen sich gegenseitig an und erkennen sich gegenseitig.

Geben und Nehmen: Was ist heute direkt möglich?

Das Verlangen nach einem Partner ist oft nicht eindeutig. Meistens besteht es aus einer Vielzahl verschiedener Vorstellungen und Wünsche. Einen Teil dieser Sehnsüchte kann wahrscheinlich wirklich nur ein Lebenspartner erfüllen, aber wenn du einmal alle Aspekte aufschreibst, wirst du erkennen, das es auch viele Punkte auf der Liste gibt, die du zum Teil oder ganz auf eine andere Weise erfüllt bekommen kannst, ohne dass du dafür wirklich einen Partner benötigst. Betrachte einmal sorgfältig deine Herzenswünsche und Sehnsüchte und finde heraus, was sich auch ohne Lebenspartner realisieren lässt. Anschließend kannst du diese Punkte dann in Handlungen umsetzen, so dass du dich weniger als armes Opfer deiner Partnerlosigkeit fühlen musst. Außerdem bist du dann, wenn du gut für dich selbst sorgen kannst, viel weniger anspruchsvoll gegenüber einem zukünftigen Partner. Denn wenn du von nur dieser einen Person verlangst, dass sie dir alles erfüllt, was auf deiner Liste steht, wird er/sie wahrscheinlich schnell wieder aus deinem Leben verschwinden.

Bringe das Verlangen nach einem Partner wieder in das richtige Verhältnis, indem du die Antworten auf die folgenden zwei Fragen aufschreibst. Die erste Frage lautet: „Welche Dinge will ich einem Partner geben?" Und die zweite Frage: „Welche Dinge will ich von einem Partner empfangen?" Nachdem du zu beiden Fragen eine ganze Reihe Antworten aufgeschrieben hast, beantwortest du die nächsten zwei Fragen: „Welche Dinge, die ich einem Partner geben will, kann ich jetzt schon geben, wenn auch nicht an einen Lebenspartner?" Und: „Welche Dinge, die ich von einem Partner empfangen will, kann ich auch jetzt schon ganz oder teilweise auf eine andere Weise bekommen?"

Vielleicht ist diese Idee ganz neu für dich und gewöhnungsbedürftig. Aber mit etwas Kreativität schaffst du es sicher, probiere es einfach mal aus. Möglicherweise denkst du an die letzte Beziehung, in der es dir Spaß gemacht hat, im Haus für deinen Partner kleine Zettelchen mit witzigen Zeichnungen zu verstecken, so dass er/sie nette Überraschungen vorfand, wenn du mal nicht zu Hause warst. Stattdessen kannst du nun zum Beispiel einen Stapel Ansichtskarten kaufen oder basteln, diese mit witzigen Zeichnungen verzieren und jeden Tag einige an Freunde oder Familienmitglieder schicken. Auf diese Art verstärkst du auch deine sozialen Kontakte.

Oder ein ganz anderes Beispiel. Vielleicht vermisst du es, jemanden in deiner Nähe zu haben, der sich dafür interessiert, was du alles so am Tag erlebt hast. Wenn du doch nur einen Partner hättest, könntest du ihm/ihr immer deine Erlebnisse erzählen … Hier kommt die Lösung: Frage ein paar gute Freunde oder Freundinnen, ob du sie mehrere Male in der Woche anrufen kannst, um ihnen deine Abenteuer und deine Alltagsgeschichten zu erzählen. Versichere ihnen, dass du sie nicht jeden Tag anrufst und sie auch nicht länger als zehn Minuten vollquatschst. Außerdem können sie dir direkt sagen, wenn es ihnen nicht so gut passt oder sie im Moment keine Lust dazu haben. Halte dich auch wirklich an diese Vereinbarung! Erkläre ihnen, dass du wirklich einfach nur hin und wieder über die ganz alltäglichen Dinge reden willst. Am besten kannst du ein zirkulierendes System anwenden und dabei für dich selbst aufschreiben, mit wem du telefoniert hast, so dass du deine Freunde nicht überstrapazierst. Eine derartige Vereinbarung mit Freunden ist vielleicht etwas ungewöhnlich, aber auf der anderen Seite kennt sicherlich jeder dieses spezielle Verlangen, kurz zu erzählen, wie der Tag war, ohne dass daraus direkt ein tiefschürfendes Gespräch entstehen muss.

Noch ein letztes Beispiel. Du vermisst es, angefasst und körperlich berührt zu werden, etwas, das so selbstverständlich in einer Liebesbeziehung ist. Diesen Wunsch kannst du dir selbst erfüllen, indem du bei verschiedenen Massageschulen nachfragst, ob sie noch ein Versuchskaninchen für ihre Ausbildung benötigen. Wie auch immer, erforsche deine Wünsche und überprüfe, was heute noch möglich ist, sowohl im Geben als auch im Nehmen.

8 Interaktion mit dem zukünftigen Partner

Wenn du dich schon seit langem nach einem Partner sehnst, bekommst du vielleicht nach einer gewissen Zeit das Gefühl, dass der Partner unerreichbar ist, so als ob er/sie von einem anderen Planeten kommen müsste. Aber tatsächlich gibt es natürlich immer eine ganze Menge Menschen, die im Prinzip als Partner geeignet wären. Diese Menschen sind real, sie leben hier und jetzt auf dieser Erde. Vielleicht sind sie dir nur noch nicht aufgefallen. Die Person, die dein Partner werden kann, lebt jetzt schon irgendwo, ein Wesen mit Haut und Haaren. Darin liegt der wesentliche Unterschied: Entweder du sehnst dich nach einer Person, von der du eigentlich glaubst, dass sie nicht existiert oder ein unerreichbares Wesen ist, oder du richtest dein Verlangen auf einen Mann/eine Frau, die jetzt schon irgendwo lebt. Vielleicht lebt er/sie sogar in derselben Stadt, in der du wohnst, und atmet, isst und telefoniert – nur (noch) nicht mit dir. Wenn du dich stets daran erinnerst, dass dieser Wunschpartner eine konkrete Person ist, wird dein Bewusstsein horizontal auf deine unmittelbare Umwelt ausgerichtet sein, statt senkrecht in das leere und abstrakte Weltall hinein. In diesem Kapitel steht darum dein zukünftiger Partner als eine Person im Mittelpunkt, mit der du jetzt schon auf vielerlei Weisen in Kontakt treten kannst.

Das Kaninchen unterm Tisch

Einen geeigneten Partner zu finden lässt sich mit einem Zaubertrick vergleichen, bei dem der neue Lebenspartner das Kaninchen ist, das wie aus dem Nichts plötzlich aus dem Zylinder hervorgezaubert wird. Natürlich wissen wir inzwischen, dass so ein Zaubertrick eben nur ein Trick ist. Es scheint zwar so, als ob das Kaninchen aus dem Nichts entsteht, aber es existierte natürlich schon vorher und saß die ganze Zeit versteckt unter dem Tisch. Der Moment, in dem das Kaninchen auf magische Weise aus dem Zauberhut hervorgezogen wird, lässt sich mit der Situ-

ation vergleichen, in der du einem Partner wirklich zum ersten Mal begegnest und es klick macht.

Vergiss jetzt aber diesen magischen Moment für eine Weile. Realisiere, dass „dein Kaninchen" schon lange unter dem Tisch sitzt und nur darauf wartet, hervorgezaubert zu werden. Es existiert schon, auch wenn du es noch nicht sehen kannst. Du bist auf der Suche nach einem Lebenspartner, und diese Person existiert jetzt schon. Er/sie braucht nicht mehr auf mysteriöse Weise zum Leben erweckt zu werden. Lasse diese Tatsache einen Moment auf dich einwirken. Stelle dir immer wieder vor, dass der Partner, nach dem du so verlangst, jetzt schon existiert und irgendwo auf dieser Erde herumläuft. Gönne dir zwischendurch einen Moment Ruhe und sage laut zu dir selbst etwa: „Er/sie existiert schon. Er/sie hat wahrscheinlich eine Wohnung mit einem Wohnzimmer, einer Küche und einem Schlafzimmer. Jeden Tag verlässt er/sie wahrscheinlich das Haus und geht seinen/ihren Hobbys und der Arbeit nach, geht einkaufen und hin und wieder Freunde und Freundinnen besuchen. Ich begrüße sie/ihn in meinem Leben."

Bei dieser Übung geht es darum, das Gefühl dafür zu bekommen, dass diese andere Person wirklich in der Realität jetzt schon existiert, irgendwo herumläuft und genau wie du in diesem Moment – in dieser Sekunde – atmet und lebt. Mit Hilfe dieser Übung wird dein „Partner" langsam aber sicher zur Realität in deinem Bewusstsein. Er/sie wird zu einem normalen, lebenden Menschen und bleibt nicht länger das unerreichbare Wesen, das aus dem Nichts auftaucht, um dir das große Glück zu bringen.

Wenn dieses Bewusstsein für den existierenden Partner langsam wächst, kannst du in deinem täglichen Leben den Menschen, denen du begegnest, mehr Aufmerksamkeit schenken und ihnen mit mehr Interesse und Offenheit begegnen. Denn schließlich könnte beinahe jede Person dein zukünftiger Partner sein oder ihn/sie dir vorstellen!

Geschenke für den zukünftigen Partner

Fertige ein hübsches Geschenk für deinen zukünftigen Partner an. Es kann entweder etwas sein, was eine bestimmte Eigenschaft von dir repräsentiert, die du mit ihm/ihr teilen möchtest, oder einfach etwas, das dir gefällt. Lege anschließend dieses Geschenk an einen Platz, an dem du es regelmäßig sehen kannst. Jedes Mal, wenn du das Geschenk siehst, erinnerst du dich: „Das ist für meinen zukünftigen Partner." Mache dabei gleichzeitig eine gebende, begrüßende Geste aus deinem Herzen heraus.

Du kannst auch ein Geschenk kaufen, anstatt es zu basteln. Das bietet dir wieder andere Möglichkeiten mit neuen Abenteuern. Stelle dir vor, dass du deinen Lebenspartner schon vor langer Zeit kennengelernt hast und ihr schon seit einigen Jahren zusammen seid. Nächste Woche ist sein/ihr Geburtstag, und du willst nun ein Geburtstagsgeschenk besorgen. Gehe also in die Stadt mit der Vorstellung, ein schönes und originelles Geburtstagsgeschenk für ihn/sie zu kaufen. Stöbere in dir bekannten Geschäften, aber auch an neuen Orten, die du normalerweise nicht betreten würdest. Suche so lange, bis du etwas findest, von dem du dir sicher bist, dass das genau das Richtige für sie/ihn ist. Nimm dir dafür genug Zeit. Wenn du in einen Laden kommst, in dem das Personal nicht viel zu tun hat, kannst du mit jemandem ein Gespräch anknüpfen: „Ich suche ein Geburtstagsgeschenk für meinen Freund/meine Freundin, aber ich weiß nicht so richtig, was ich ihm/ihr schenken soll. Haben Sie vielleicht eine gute Idee?"

Wenn dir daraufhin Fragen gestellt werden, was deiner Freundin/deinem Freund gefallen könnte, fantasierst du einfach drauflos. Wähle etwas Schönes aus und lasse es als Geschenk einpacken. Zu Hause legst du es dann an einen speziellen Ort. Und auch hier denkst du jedes Mal wieder, wenn du das schön eingepackte Geschenk siehst: „Das ist für ihn/sie." So heißt du deinen zukünftigen Partner in deinem Leben willkommen.

Nach einer gewissen Zeit kannst du das Geschenk einer Person aus deinem Freundes- oder Bekanntenkreis zum Geburtstag schenken. Oder du bewahrst es wirklich so lange auf, bis du einen neuen Partner gefunden hast und du es ihm/ihr bei seinem/ihrem ersten Geburtstag, den ihr zusammen feiert, überreichst.

Du kannst dieser Idee, deinem zukünftigen Partner ein Geschenk zu machen, auch eine alltäglichere Note geben. Kaufe einfach hin und wieder ein kleines Geschenk für ihn oder ab und zu einen Strauß Blumen. Reserviere einen bestimmten Platz in deiner Wohnung für ihn/sie und stelle die Blumen dort hin. Ein Blumenstrauß ist nur eine Möglichkeit. Du kannst auch an andere kleine Überraschungen denken, wie eine Tafel Schokolade, eine Zeitschrift oder eine schöne Karte. Die Blumen wirfst du dann weg, wenn sie verblüht sind, die Schokolade schenkst du einfach einer anderen Person, egal ob Mann oder Frau. Die Zeitschrift kannst du selbst nach ein paar Wochen lesen, oder du gibst sie ungelesen weiter an einen Freund oder eine Freundin.

Es ist nicht Sinn dieser Übung, dass du die verschiedenen Geschenke in einer großen Kiste aufbewahrst und diese später, wenn du wirklich einen Partner gefunden hast, feierlich an ihn/sie überreichst. Das hätte wahrscheinlich eher eine abstoßende Wirkung. Der Sinn der Übung ist vielmehr, im Geiste Kontakt mit einem zukünftigen Partner aufzunehmen. Schließlich existiert dieser Partner schon irgendwo auf dieser Welt – auch wenn du ihn/sie jetzt noch nicht kennst.

Wenn du aus dieser Übung ein kleines Ritual machen willst, kannst du in deiner Vorstellung das Geschenk jedes Mal mit all deiner Aufmerksamkeit der Seele des neuen Partners anbieten. Auf diese Weise gibst du ihm nicht nur ein Geschenk, sondern auch Liebe und Respekt. Wenn du regelmäßig dieses kleine Ritual ausführst und deinen zukünftigen Partner in deinem Leben willkommen heißt, wird dies eine Auswirkung auf deine Einstellung anderer Menschen gegenüber haben. Jede Person, der du begegnest und die als möglicher Partner gilt, wird dann bewusst oder unbewusst wahrnehmen, dass du Platz für ihn/sie hast und ihm/ihr etwas zu geben hast.

Eine Ikone für den mysteriösen anderen

Die Fantasie über den „idealen Partner meiner Träume" ist eine Fallgrube. Eine detaillierte Vorstellung über eine unbekannte Person kann letztendlich nichts anderes sein als ein Spiegelbild deiner selbst. Es ist eine durch dich selbst geschaffene Reflektion, eine Antwort auf deine eigene innere Leere, auf deine blinden Flecken, die sich nahtlos an deine eigenen Bedürfnisse anpasst. Wenn du dir sehr häufig in deiner Fantasie ausmalst, wie dein

Partner sein sollte, besteht die Gefahr, dass du in dem Moment, in dem du wirklich einer anderen Person begegnest, ihn/sie nur danach beurteilst, inwieweit er/sie deine Voraussetzungen erfüllt und ob er/sie deine Mängel kompensieren kann. Wenn du aber wirklich eine andere Person als einen Partner in deinem Leben begrüßen willst, solltest du besser nicht die ganze Zeit überprüfen, ob er/sie tatsächlich alle deine Wünsche erfüllen kann. Solange du das nämlich tust, verbaust du dir alle Chancen, dir ein echtes Bild von dieser Person zu machen. Du siehst den/die anderen nur durch deine eigene Brille, und das fühlt dieser/diese und wird die Verbindung wahrscheinlich schnell beenden. Damit ist natürlich nicht gemeint, dass du alle deine Wünsche aufgeben sollst. Du solltest sie jedoch nicht wie eine Mauer zwischen dich und einen möglichen neuen Partner stellen. Jeder möchte gerne mit seinen Qualitäten gesehen und anerkannt werden, die ihn/sie einzigartig machen. Auch ein neuer Partner. Du wirst den anderen wahrscheinlich niemals völlig verstehen und immer wieder Überraschungen erleben. Es bleibt einfach ein Risiko, eine Beziehung mit einer anderen Person einzugehen. Diese Überraschungen, die unbekannten Seiten, können dann sowohl positive als auch negative Aspekte mit sich bringen …

Also, was suchst du eigentlich: Jemanden, der/die genau deinen Vorstellungen und Forderungen entspricht, stets vorhersagbar handelt, aber dadurch wahrscheinlich schnell langweilig ist (und in der Realität sehr wahrscheinlich unauffindbar ist)? Oder eine Person, bei der du immer etwas Neues und Unbekanntes entdecken wirst?

Versuche einmal, den anderen mit seinen unbekannten und überraschenden Aspekten nicht als eine Bedrohung zu sehen. Stelle ihm/ihr darum eine Ikone, eine Statue, auf. Kaufe oder bastele dafür eine kleine Statue, die noch etwas primitiv oder ungeschliffen ist, so als ob sie noch nicht fertig ist. Die Statue kann zum Beispiel aus Holz geschnitzt oder aus Stoff gefertigt sein. Es ist wichtig, dass sie nicht all deinen Schönheitsidealen entspricht, aber auf der anderen Seite sollte sie auch nicht angsteinjagend oder abstoßend wirken. Die Statue sollte dich faszinieren.

Entweder du baust die Ikone ganz alleine oder – wenn du sie kaufst – veränderst du sie auf so eine Weise, dass sie schließlich eine passende Abbildung einer dir unbekannten Kraft ist. Lasse sie zu einer eigenständigen Persönlichkeit werden, mit eigener Ausstrahlung. Stelle die Skulptur anschließend an einen besonderen Ort. Meditiere hin und wieder über dieses Objekt und begrüße das, was es für dich symbolisiert und repräsentiert. Sprich mit dieser Statue, so als stünde sie in direkter Verbindung mit deinem zukünftigen Partner. Teile ihm/ihr mit, dass du sein/ihr „Anderssein" als Ausgangspunkt für eure Beziehung siehst und dass auch für ihn/sie wahrscheinlich immer wieder neue Aspekte von dir an die Oberfläche kommen werden. Verdeutliche, dass du Respekt verspüren willst und Nähe suchst, ohne den anderen nur als Kompensation deiner eigenen Wünsche und Mängel zu sehen. Betrachte die Statue und akzeptiere, dass der/die andere immer jemand anderes bleibt. Selbst wenn es euch vergönnt ist, euch sehr nahe zu kommen und zusammen zu wachsen, bleiben Risiken und unerwartete Überraschungen doch immer ein Teil einer Beziehung. Gönne dem/der anderen seine/ihre eigene Individualität und Einzigartigkeit!

In den Fußspuren von Mister/Misses Right

Stelle dir in deiner Fantasie einen geeigneten, attraktiven Partner vor und überlege dir, welche Kriterien er/sie erfüllen müsste. Denke aber nicht direkt an das Standardbild der/des idealisierten Prinzessin/Prinzen auf dem weißen Pferd, sondern bleibe innerhalb der Realität. Lade in deiner Vorstellung diesen Partner in deine Wohnung ein und stelle dir vor, dass er/sie durch deine Zimmer geht. Bilde dir ein, dass seine/ihre Fußspuren auf dem Boden aufblinken, so als ob unter seinen/ihren Fußsohlen fluoreszierende Farbe wäre. Folge diesem Partner dann in deinen Gedanken, tritt in seine/ihre Fußspuren, die einen Weg vorgeben.

Male dir anschließend aus, dass er/sie deine Wohnung verlässt und nach draußen geht. Wo geht er/sie in deiner Vorstel-

lung hin? In welches Restaurant? Oder wo liest er/sie morgens die Zeitung? Welche Hobbys hat diese Person und wo führt er/sie sie aus? Wo erledigt er/sie seine Einkäufe?

Schreibe alle Details auf und verwende diese Informationen dafür, im wirklichen Leben einige dieser Plätze aufzusuchen. Gehe tatsächlich in die Geschäfte, in denen dein visualisierter Partner seine Einkäufe erledigt. Besuche das Café, in dem er/sie in deiner Vorstellung eine Tasse Kaffee getrunken hat. Und wenn du in der richtigen Stimmung bist, kannst du an den Orten vielleicht wirklich auch Kontakte knüpfen mit Menschen, die du noch nicht kennst.

Beschütze deinen zukünftigen Partner

Jeder Mensch hat das Vermögen, eine andere Person zu verletzen. Ob es sich tatsächlich auch äußert oder nicht, ob es sichtbar oder unter der Oberfläche schlummert, das ist eine andere Sache. Doch generell kann sich jeder Mensch in heftigen Streitereien, blinder Wut, Schuldzuweisungen, dem anderen nicht zuhören oder ihn/sie mit Absicht nicht verstehen wollen und ähnlichen Auseinandersetzungen verlieren. Vor allem wenn Menschen nahe zusammenleben, wie beispielsweise in einer Ehe oder Beziehung, gibt es immer wieder Momente, in denen man den anderen am liebsten in Stücke reißen würde oder aus dem Fenster schmeißen könnte. Überwältigende Wut und Hass bieten allerdings selten einen konstruktiven Beitrag zum Wachstum einer Beziehung. In den meisten Fällen verstärken sie leider nur die Muster und Überzeugungen, durch die Menschen auseinander getrieben werden.

In dieser Übung erstellst du eine Zeichnung oder ein Bild deiner eigenen destruktiven Seite. Denke an die Momente in deinem Leben, in denen du in einem Zustand von rasender Wut oder Hass warst und am liebsten einer Person (oder mehreren Personen) an den Hals gesprungen wärst. Vielleicht gab es Situationen, in denen du nicht nur den Impuls dazu gespürt hast, sondern wirklich andere Menschen geschlagen oder auf andere Weise verletzt oder ihnen etwas angetan hast. Fertige jetzt also ein Bild an von dem Teil in dir, der in der Lage ist, jemanden in Stücke zu reißen, sollte dieser dir im Weg stehen oder zu nahe kommen. Du kannst dieses Bild malen, Fotos oder andere Abbildungen wie eine Collage zusammenkleben oder etwas aus Ton formen. Wenn du damit fertig bist und deiner zerstörerischen, vernichtenden Kraft in dir, die keine Rücksicht auf andere nimmt, eine Form gegeben hast, führst du anschließend das folgende Ritual aus.

Betrachte das Bild dieser destruktiven Seite in dir als einen wirklichen Teil von dir. Wenn du damit sprichst, nenne es bei deinem eigenen Namen. Sage diesem Aspekt von dir, dass du dich nicht durch ihn steuern lassen willst, sondern dass du selbst die Zügel in den Händen hältst. Selbstverständlich kann dieser Aspekt dich weiterhin auf Unzufriedenheiten hinweisen, aber du fasst jetzt den Entschluss, ihm nicht mehr zu gestatten, unkontrolliert um sich zu schlagen und gewalttätig zu werden. Dabei ist die Form der Gewalt unbedeutend, ob direkt oder indirekt, offensichtlich oder im Verborgenen.

Stelle dir jetzt weiter vor, dass dein zukünftiger Partner neben dir steht. Zeige ihm/ihr die Abbildung deines inneren Monsters. Erkläre ihm/ihr, dass dieser Teil in dir steckt, aber du dich dazu entschlossen hast, diesen Teil keinesfalls und unter keinen Umständen auf ihn/sie loszulassen. Sage deinem zukünftigen

Partner, dass du dir vorgenommen hast, ihn/sie vor der direkten oder passiven Gewalttätigkeit deines inneren Monsters zu beschützen.

Im Anschluss daran gibst du dem Bild des inneren Monsters einen Platz in deiner Wohnung. Vielleicht hast du einen kleinen Altar oder einen anderen Ort, an dem du zwischendurch in Ruhe sitzen kannst. Du kannst das Bild entweder sichtbar hinstellen oder es unter einem Tuch verbergen. Gib dem Monster einen würdigen Platz und führe nach dem oben beschriebenen Ritual hin und wieder die folgende Übung aus.

Betrachte die Form des puren Hasses, den inneren Aspekt der Wut in dir. Gehe in deiner Erinnerung zu einer Situation zurück, in der du auf die eine oder andere Art deine destruktive Seite zum Ausdruck gebracht hast (oder hättest können). Möglicherweise hast du jemanden sehr laut angeschrien, obwohl der andere vielleicht sogar völlig unschuldig war, oder du bist total ausgerastet nach einem Fehltritt von einem Ex-Partner. Erinnere dich an diesen Vorfall in der Vergangenheit in allen Einzelheiten.

Schaue dir die inneren Bilder dieser Situation in deinem Geist mehrere Male hintereinander an, wie einen Film, den du immer wieder zurückspulst und noch einmal betrachtest. Doch jetzt veränderst du die Bilder. Du übernimmst die Kontrolle über alles, was passiert, und lässt dich nicht von deiner destruktiven inneren Kraft lenken. Du nimmst jetzt das Steuer in deine Hand und beschützt die Person aus der Vergangenheit, die damals das Opfer deiner Raserei war, vor deinen Aggressionen. Wenn du in der Vergangenheit wirklich jemanden geschlagen hast, dann laufe in deinen Gedanken durch alle Momente, die zu diesem Ausbruch führten, aber unterbrich diesen Film kurz vor dem entscheidenden Moment. Stoppe die Geschichte und tritt aus deiner Rolle heraus, so dass du dieses Mal den Schlag nicht austeilst. Stattdessen sagst du möglicherweise zu der anderen Person, die in deiner Vorstellung vor dir steht: „Ich könnte dich jetzt schlagen, aber ich tue es nicht." Wende dich dann in deiner Vorstellung für eine gewisse Zeit von dem anderen ab, mache beispielsweise einen Spaziergang, bis sich alles wieder etwas beruhigt hat und du wieder in der Lage bist, dich mit dem anderen zu konfrontieren.

Versetze dich also mit allen Details in die Vergangenheit, aber nimm dir die Freiheit, in deiner Erinnerung dem Vorfall ein anderes Ende zu geben, indem du zwar sagst, was für dich wichtig ist, aber der anderen Person weder verbale noch körperliche Gewalt antust oder sie unnötigen Beschuldigungen aussetzt. Übe dich so, deinen Mitmenschen mit mehr Achtung zu begegnen und mit ihnen zu kommunizieren.

Wenn du früher einen Partner hattest, der/die dich bewusst oder unbewusst ständig provozierte und probierte, dich zur Weißglut zu bringen, kannst du während dieser Übung in deiner Fantasie beispielsweise die Beziehung sofort beenden, auch wenn es in der Realität noch drei Jahre gedauert hat, bevor du dazu in der Lage warst. Mache in deiner Vorstellung kurzen Prozess, indem du dem anderen sagst: „Ich lasse mich nicht länger von dir verrückt machen und mich von dir zur Gewalt zwingen. Ich gehe."

Wenn du diese Übung mehrere Male gemacht und verschiedene Erinnerungen in deiner Fantasie zu einem „Happy End" ummodelliert hast, wirst du merken, dass in dir ein neues inneres Gleichgewicht entsteht. Du erlangst die Erkenntnis, dass du eine Wahl hast und bist dir der Möglichkeit bewusst, selbst die Kontrolle zu behalten. An diesem Punkt kannst du das Bild von deiner aggressiven Seite wegräumen. Vielleicht vernichtest du es, oder du bewahrst es zur Erinnerung auf, je nachdem, was für dich passend ist.

Ich lasse mich finden

Lege zwei Kissen oder zwei andere Gegenstände als Markierung in einem Abstand von ungefähr vier Metern auf den Boden. Zwischen diesen zwei Gegenständen befindet sich eine gerade Linie. Diese Linie symbolisiert einen Teil der Lebenslinie einer Frau/eines Mannes, die/der geeignet wäre, ein Lebenspartner für dich zu sein.

Stelle dich auf das eine Ende der Lebenslinie und sage: „Dies ist der Punkt, an dem ein Mann/eine Frau geboren wird, der/die für mich als Partner geeignet ist." Du kannst auch andere Worte gebrauchen, die mehr das ausdrücken, was du an dieser Stelle empfindest.

Gehe nun zum anderen Ende der gedachten Linie und bleibe dort für einen Moment still stehen. „An dieser Stelle findet der fantastische Mann/die attraktive Frau, die dazu geeignet ist, mein Lebenspartner zu sein, ihr großes Glück. Hier findet sie eine Liebesbeziehung, einen Lebenspartner."

Anschließend verlässt du diesen Punkt und stellst dich einige Schritte weiter weg auf die Seite. Von hier aus betrachtest du die Linie und die zwei markierten Punkte. Auf der einen Seite wird er/sie geboren, auf der anderen Seite findet er/sie einen Partner. Dazwischen verläuft der Lebensweg, von dem einen Moment zum anderen. Genauso wie du auf der Suche bist nach einem Partner, so befindet sich auch die Frau/der Mann, für die/den du die Lebenslinie gelegt hast, auf der Suche. Du musst also dafür sorgen, dass du sein Partner wirst, bei dem er/sie sein/ihr Glück finden kann. Darum gehe jetzt beherzt einen Schritt vor und stelle dich unmittelbar mitten auf die Linie. Stelle dich an einen Punkt, der nicht weit entfernt von dem Punkt liegt, an dem der/die andere ihr/sein großes Glück findet, und schaue in Richtung Geburt des Partners. Stelle dir nun vor, dass er/sie auf dich zukommt, dabei aber nicht direkt auf der Suche nach dir als Person ist. Schließlich kennt er/sie dich noch gar nicht und weiß noch nichts von seinem/ihrem großen Glück. Er/sie ist einfach auf der Suche nach einem Partner im Allgemeinen. Du hast dich mitten auf seine/ihre Lebenslinie gestellt und malst dir nun aus, wie die/der andere auf der Suche nach seinem/ihrem Glück ganz wie von selbst mit dir zusammentrifft. Sage in dem Moment, in dem ihr euch begegnet, zu ihm/ihr: „Ich lasse mich finden. Durch dich."

9 Feldarbeit

Die Übungen in diesem Kapitel laden dich dazu ein, dich und dein Verhalten auf eine andere Weise zu sehen, deine Ärmel hochzukrempeln und wirklich aktiv etwas zu tun. Hier erhältst du die Gelegenheit, in manchen Bereichen deines Lebens etwas an der Art und Weise zu verändern, wie du normalerweise reagierst oder handelst. Zwar wirst du dir hierdurch wahrscheinlich nicht direkt einen neuen Partner angeln, aber du kannst mit diesen Übungen gut mit den verschiedenen Arten, Kontakte zu knüpfen, experimentieren. Achte dabei ein wenig auf deine Grenzen und handele nicht zu überstürzt. Wenn du mit Übungen arbeitest, bei denen es darum geht, Grenzen zu erweitern – egal wie minimal diese Veränderungen auch sind –, kannst du zwei unterschiedliche Auswirkungen erwarten. Zuerst die positive Seite: Du bemerkst wahrscheinlich, wie erstaunlich einfach es geht, etwas zu verändern oder etwas mehr Raum zu schaffen und ein wenig zu experimentieren. Die zweite Auswirkung ist weder positiv noch negativ, sondern einfach nur eine Tatsache: Du wirst bemerken, dass eine einfache Veränderung viel in dir auslösen kann. Und dabei lässt sich nicht vorhersagen, was sich daraus entwickeln wird. Durch die folgenden Übungen können sehr beflügelnde Momente in dein Leben kommen, aber auf der anderen Seite kann es auch passieren, dass du in neue, unbekannte Situationen gelangst, in denen du dich ganz im Gegenteil sehr unsicher fühlst.

Wenn du dich anders verhältst als normalerweise, dann wird auch die Art, in der andere auf dich reagieren, sich verändern. Einige dieser Reaktionen werden dir wahrscheinlich sehr gefallen, aber in anderen Momenten reagieren Menschen möglicherweise gleichgültig oder sogar auf unangenehme Art und Weise auf deine neuen Verhaltensmuster. Betrachte die folgenden Übungen darum eher als ein Experiment und realisiere, dass das Ergebnis nie vorherzusagen ist oder feststeht.

Wenn du dann wirklich losziehst, um die eine oder andere Übung auszuführen, überlege dir im Voraus, was du tun kannst, wenn es vielleicht keinen Spaß mehr macht oder du dich, aus welchem Grund auch immer, nicht mehr wohl fühlst. Lege dir dann schon einen Plan zurecht, ob und wie du in so einem Fall nach Hause kommen kannst, und besprich vielleicht auch schon zuvor mit einem guten Freund oder einer Freundin, dass du sie anschließend anrufen kannst, um mit ihm/ihr über deine Erfahrungen – egal ob positiv oder negativ – zu sprechen.

Sei aber auch wiederum nicht zu ängstlich und vorsichtig! Wenn du dein ganzes Leben so weiterlebst wie gewohnt, kann sich auch nichts verändern. Selbst kleine Veränderungen können schon einen großen Effekt haben. Und: Wer nicht wagt, der gewinnt nichts! Solange du mit beiden Beinen auf dem Boden bleibst und dir nicht zu viel gleichzeitig vornimmst, wirst du garantiert einige sehr inspirierende und überraschende Momente erleben, sobald du mit den folgenden Übungen beginnst und die Tipps beachtest. Wenn du lernst, entspannt mit anderen Menschen Kontakt aufzunehmen, wirkt sich das auch in vielen anderen Situationen zu deinem Vorteil aus. Je mehr du daran gewöhnt und selbstsicher bist, andere Menschen anzusprechen, umso mehr Chancen hast du, einem neuen Partner zu begegnen.

Kontakte knüpfen auf der Straße

Ziehe zusammen mit einem Freund oder einer Freundin los zu einem Platz, an dem sich genug Menschen befinden, die du ansprechen, etwas fragen kannst oder mit denen du ein kleines Gespräch anknüpfen kannst. Das kann ein großes Kaufhaus sein, der Zoo, ein Vergnügungspark oder das Stadtzentrum. Du sprichst eine fremde Person an und führst ein kurzes Gespräch mit ihr. Ihr könnt dafür auch noch ein paar Hilfsmittel mitnehmen, wie zum Beispiel einen Stadtplan, um nach dem Weg zu fragen. Oder frage einen Passanten, ob er/sie ein bestimmtes Geschäft kennt, das du angeblich suchst. Kennt er/sie vielleicht noch andere ähnliche Geschäfte?

Dein/e Freund/in steht ein paar Meter weiter entfernt und beobachtet dich unbemerkt, so dass die Person, mit der du sprichst, nicht mitbekommt, dass ihr zusammengehört. Nach dem Gespräch mit dem/der Unbekannten kommt ihr beide wieder zusammen und besprecht, wie es gelaufen ist. Warst du offen, mürrisch, freundlich, höflich? Wie war die Reaktion der unbekannten Person, positiv oder abweisend? Zuerst beschreibst du, wie es für dich selbst war, und anschließend gibt dein/e Freund/in dir Feedback, wie es aus seiner/ihrer Perspektive aussah.

Ihr könnt auch die Rollen tauschen, so dass dein/e Freund/in eine/n Fremde/n anspricht, und du die beiden aus dem Hintergrund beobachtest und schaust, wie es läuft. Achte dabei auf ihre Körpersprache, ihre Stimmen und wie laut sie sprechen, Bewegungen und andere Dinge, die dir noch auffallen.

Wenn dein Freund bemerkt, dass du zum Beispiel die Schultern anspannst und etwas nach oben ziehst, wenn du jemanden ansprichst, kannst du beim nächsten Kontakt probieren, sie absichtlich etwas zu entspannen. Fällt dir auf, dass deine Freundin immer ihre Hände zusammenballt, wenn sie nervös ist, so kannst du ihr das mitteilen. Es geht also nicht um sehr große Dinge, sondern um die kleinen Details, derer man sich selbst nicht bewusst ist, wenn man in ein Gespräch mit einer anderen Person verwickelt ist.

Betrachte das Ganze als ein Spiel, und ihr werdet einen Nachmittag voller Überraschungen erleben. Probiere es immer wieder aufs Neue und beobachte auch die Reaktionen der Person, die ihr angesprochen habt. Gibt es in dem Gespräch immer einen wiederkehrenden Punkt, bei dem die andere Person abbricht? Hat das dann mit dem Verhalten von dir oder deiner Freundin/deinem Freund zu tun? Überprüft auch jedes Mal, ob dein eigenes Bild von der Gesprächsentwicklung mit den Beobachtungen deines Freundes übereinstimmt. Solange dir niemand sagt, wo bei deiner Art des Kontaktknüpfens deine möglichen schwachen Seiten sind, denkst du wahrscheinlich, dass alles bestens ist. Dadurch verpasst du dann aber die Chance, etwas an deiner Art der Darstellung zu verändern und zu verbessern.

Würfelspiel

Mit Hilfe der folgenden Übung kommst du in direkten Kontakt mit mindestens zwanzig oder dreißig Menschen! Um dich auf dieses Treffen vorzubereiten, benötigst du einfach nur Stift, Papier und einen Würfel. Schreibe verschiedene Fragen auf. Für eine Antwort wirfst du den Würfel: Mit wie viel unbekannten Frauen beginne ich heute Abend ein Gespräch? Wirf den Würfel: Drei. Aus wie vielen Sätzen muss ein Gespräch mindestens bestehen? Fünf. Wie viele Männer spreche ich an? Sechs. Wie viele davon müssen eine Brille tragen? Zwei. Wie viele Menschen soll ich anfassen, auch wenn es nur ein Händeschütteln ist? Drei.

Wenn du dir auf diese Weise selbst ein paar Aufgaben gestellt hast, bist du ausgerüstet, das Haus zu verlassen. Vergiss nicht den Zettel mit den Aufgaben in deine Hosentasche oder in die Handtasche zu stecken. Und wage das Risiko und führe die Aufgaben wirklich aus! Vielleicht musst du zwischendurch kurz auf der Toilette verschwinden, um dort einen Blick auf deinen Zettel zu werfen, was die nächste Aufgabe ist.

Auch hierbei geht es nicht darum, direkt mit Hilfe der Fragen einen passenden Partner zu finden, sondern einfach einmal aus seinen normalen Verhaltensmustern zu treten und zu beobachten, welche Verhaltensweisen möglich sind und wie andere darauf reagieren. Darum macht es auch keinen Unterschied, ob die Personen, die du ansprichst, Männer oder Frauen sind, oder ob sie dir interessant erscheinen als zukünftige Partner. In dieser Übung dreht sich alles um dich und um deine Art, dich in der Öffentlichkeit zu verhalten. Sei darum kreativ und suche besondere Anlässe aus, um mit dieser Aufgabe zu experimentieren. Du kannst zum Beispiel zu einer Ausstellung oder einer Messe gehen, da dort viele unterschiedliche Menschen anwesend sind, die du ansprechen kannst. Verwende dann wieder die Würfel: Mit wie vielen Menschen soll ich ein Gespräch über ein Gemälde anfangen? Drei ...

Wenn du erst einmal begonnen hast, die ersten Kontakte zu knüpfen, wirst du sicherlich bemerken, dass es viel einfacher geht, als du anfangs befürchtet hast. Du brauchst einfach nur einen ersten Schritt zu machen.

Beobachte andere, die Kontakte knüpfen

Es gibt viele Gelegenheiten, bei denen Menschen, die sich nicht kennen, miteinander in Kontakt treten und ein kurzes Gespräch beginnen: beim Bäcker, im Tante-Emma-Laden an der Ecke, in der Pause beim Ballett, bei einem Empfang, im Zug, am Strand. Es gibt auch Gelegenheiten, bei denen Menschen nicht ganz so unbefangen Kontakte knüpfen. So ist es zum Beispiel in einer Bar oder in einer Disco etwas vorbelasteter, eine fremde Person zum ersten Mal anzusprechen.

Besuche verschiedene Plätze, an denen es einfach ist, Kontakte zu knüpfen, und beobachte genau, was sich dabei abspielt. Wie gehen Menschen vor, wenn sie sich einer fremden Person nähern und ein Gespräch beginnen? Auf welche Art Kontaktaufnahme wird positiv reagiert? Wie schlagen andere eine Einladung ab oder gehen auf eine Frage ein? Untersuche die verschiedenen Formen in diesem Kontaktaufnahmespiel zwischen Menschen. Dabei ist es nicht wichtig, was das Motiv für diese Kontakte ist. Setze dich einfach im Hauptbahnhof neben den Schalter für den internationalen Kartenverkauf und beobachte, bei welchen Kunden der Verkäufer freundlich lacht oder andersherum vielleicht gar nicht reagiert. Was ist der Grund für diese Reaktion? Setze dich einen Nachmittag in den Lesesaal einer Bibliothek und studiere, wie die Gespräche zwischen der Dame am Informationstisch und den Lesern verlaufen.

Verschaffe dir auf diese Weise einen Überblick über das Verhalten von Menschen beim Kontakteknüpfen und werte danach deine Beobachtungen aus. Was funktioniert gut und was ist nicht sehr förderlich bei einem ersten Kontakt, unabhängig von der Situation? Was stößt andere ab? Was macht es möglich, dass sich Menschen einander öffnen? Was ist angenehm, was unangenehm? In welchem Moment lassen Menschen ihre Rüstung fallen, in welchen Momenten ziehen sie ihr Schwert zum Schutz?

Anschließend vergleichst du die gesammelten Informationen mit deinem eigenen Verhalten. Von welchen Verhaltensweisen, die dir aufgefallen sind, kannst du etwas Positives lernen? Was kannst du bei deiner Art, einen kurzen Kontakt zu knüpfen, verbessern? Setze danach diese Punkte in deinem täglichen Leben um, wenn du das nächste Mal eine fremde Person ansprichst. Beobachte den Unterschied in deinem Erleben und auch in seiner/ihrer Reaktion. Kleine Veränderungen können einen enormen Unterschied bewirken!

Jetzt oder nie!

Viele Menschen haben bestimmte Wünsche und Bedürfnisse, die sie nicht wirklich ernst nehmen. Zum Beispiel gibt es einen Film, den du unbedingt sehen wolltest, aber gestern regnete es und heute passt es nicht so gut in deinen Zeitplan, da du auch noch ein paar Telefonate erledigen musst. So geht es jeden Tag, bis du schließlich den Film nicht mehr sehen kannst, da er aus dem Kinoprogramm gestrichen wurde. Wenn du wirklich erkennst und es ganz in dich einwirken lässt, dass Chancen und Möglichkeiten nicht endlos lange verfügbar sind, wirst du vielleicht auf eine neue Art motiviert, ganz andere Entscheidungen zu treffen. Dann erhältst du mehr Energie, als du ursprünglich hattest.

Male dir zum Beispiel einmal aus, dass du nur noch zwei Wochen in der Stadt wohnen bleiben kannst, in der du jetzt lebst. Danach wirst du zum Südpol umziehen. Was würdest du in dieser Zeit noch unbedingt tun und erleben wollen? Wenn du dich wirklich in diese Situation versetzt, wird selbst das tägliche Einkaufen fürs Abendessen etwas Besonderes. Der Gedanke an die Endlichkeit der Dinge oder an das Besondere in einer gewöhnlichen Situation kann deine Sinne wecken für schlummernde Möglichkeiten und Chancen.

Stelle dir vor, dass du nur noch zwei Tage lang deine Stimme gebrauchen kannst, aber danach ein Jahr lang nicht mehr. Wahrscheinlich würdest du dann viele Menschen ansprechen und viel singen. Der Klang deiner Stimme hat dann etwas Wertvolles. Was wäre, wenn du am Ende der nächsten Woche nicht mehr gerade stehen könntest? Dann wird das Warten in der Schlange an der Kasse im Supermarkt zu einem unvergesslichen Erlebnis.

Mit Hilfe solcher einfacher Vorstellungsübungen wird dir bewusst, dass es meistens ganz von dir selbst abhängt, wie du dich in einer bestimmten Situation verhältst und dich dabei fühlst. Und du erkennst, dass du jederzeit auch einen Einfluss darauf nehmen kannst. Wenn du dich fantastisch fühlst, reagieren auch die meisten Menschen mit Begeisterung und Freude. Bist du allerdings genervt und nörglerisch, dann wollen die anderen dich lieber nicht sehen.

Benutze also diese Erkenntnis zu deinem Vorteil. Stelle dir vor, dass nur noch drei Tage lang öffentliche Verkehrsmittel existieren. Dann sitzt du in einem übervollen Bus nach der Arbeit und strahlst über das ganze Gesicht, da du den Moment der letzten Busfahrt genießt. Während du dir in deiner Fantasie solche Bilder vorstellst, kannst du auch ein kurzes Gespräch mit der Person neben dir beginnen: „Herrlich, so eine Busfahrt. Finden sie nicht auch, dass die Sitze sehr bequem sind?" Wer weiß, vielleicht entwickelt sich daraus ganz unerwartet ein nettes Gespräch. „Ich finde, dass man hier in der Innenstadt so schön spazieren gehen kann, finden sie nicht auch?" Du bist zufrieden und fühlst dich gut, da die Situation durch deine Fantasievorstellung zu etwas Besonderem geworden ist. Aus diesem positiven Gefühl heraus nimmst du Kontakt mit anderen Menschen auf.

160

So etwas tut man doch nicht!

Es gibt eine Vielzahl von Dingen, die eigentlich harmlos und unschuldig sind, die die meisten Menschen aber nicht so schnell tun würden, weil „es sich nicht gehört" oder weil sie es einfach nicht gewohnt sind, so nicht erzogen wurden: mit einem Minirock anstelle eines knielangen Rockes in Kombination mit einem schicken Jackett zu einem Empfang zu erscheinen. Oder an der Kasse einfach ohne etwas zu sagen fünfunddreißig Cent auf den Ladentisch zu legen, wenn die Person vor dir anscheinend nicht genügend Geld bei sich hat und ihr nur noch das Kleingeld fehlt. Oder jemandem an der Bushaltestelle spontan eine Rätselfrage zu stellen.

Folge ausnahmsweise eine bestimmte Zeit lang deinen Impulsen und integriere sie in dein Leben. Es geht dabei um die kleinen Dinge, durch die sich zwar niemand abgestoßen fühlt, aber die doch gerade außerhalb der Norm liegen, außerhalb der gängigen Muster. Halte deine Augen offen, und wenn sich eine Situation ergibt, etwas in diesem Sinne zu tun, dann gehe das Risiko ein, es zu tun. Gehe dafür an Plätze, an die du normalerweise nicht kommst, so dass du wirklich frei bist zu experimentieren, da du dort anonym sein kannst. Wenn du dich alleine nicht traust, bitte einen Freund oder eine Freundin, dich zu begleiten oder mit dir zusammen zu experimentieren.

Noch mehr Möglichkeiten: Biete jemandem an, seine/ihre Tasche zu tragen oder sein/ihr Kind festzuhalten, wenn der andere das Fahrradschloss aufschließt. Hörst du jemanden pfeifend vorbeikommen, so singe einfach mal mit ihm/ihr mit ... Benutze die vielen Möglichkeiten, um Kontakte zu knüpfen, die sich in den Momenten ergeben, in denen du dich ein klein wenig außerhalb der Norm bewegst. Denke aber daran, dabei niemanden vor den Kopf zu stoßen.

Sich intuitiv in einer Gruppe bewegen

Viele Menschen haben die Vorstellung, dass es so etwas wie ein höheres Selbst gibt, dass sie intuitiv begabt sind oder dass eine

spirituelle Kraft oder Intelligenz besteht, die sie lenkt und ihnen hilft. Verwende diese Kraft bei dieser Übung einmal auf ganz konkrete Weise und schaue, was es dir bringt. Lasse dich von deinem höheren Selbst, deiner Intuition oder deinen Schutzengeln führen. Wenn du das nächste Mal zu einem Fest oder einem Empfang eingeladen bist oder dich bei einem anderen öffentlichen Anlass befindest, stimme dich darauf ein. Sage zu dieser Kraft: „Du siehst mehr als ich; ich kann deine Hilfe gut gebrauchen. Lenke mich zu einem potenziellen Partner oder zu einer Person, mit der ich die Verhaltensweisen lernen kann, die ich benötige, um einen geeigneten Partner zu finden."

Vertraue dann deinen eigenen Wahrnehmungen. Verspürst du einen Impuls, nach links zu gehen? Tue es. Fühlst du dich magisch angezogen von der Küche? Gehe einfach dort hin. Überprüfe nicht bei jedem Schritt, ob deine Bewegungen wirklich etwas mit einem möglichen neuen Partner zu tun haben. Folge auf direkte, aber auch sozial passende Weise den Impulsen, die du empfindest. Und lasse dich selbst davon überraschen.

Hast du das Gefühl, mit einer bestimmten Frau ein Gespräch anfangen zu wollen? Tue es, auch wenn sie absolut nicht die Frau deiner Träume ist. Wenn du intuitiv die Idee bekommst, mit ihr in Kontakt zu treten, versuche es einfach und warte ab, wohin es dich bringt. Vielleicht stellt sich heraus, dass sie die Schwester der attraktiven Frau/des attraktiven Mannes dort in der Ecke ist.

So gut wie deine Intuition auch sein mag: Tue keine Dinge, die dich in Schwierigkeiten bringen könnten. Nimm nicht den ekelhaften Kerl mit nach Hause, auch wenn du überzeugt bist, dass da doch trotzdem irgendetwas Gutes in ihm stecken muss. Deine Intuition kann vielleicht alles Mögliche wahrnehmen, aber du bist der-/diejenige, der/die die Handlungen auch wirklich ausführt, dafür verantwortlich ist und auch die Grenzen steckt.

Nimm Signale ernst

Dies ist keine Übung, sondern nur ein kleiner Hinweis. Viele Menschen widmen den Signalen, die sie bekommen, nicht genügend Aufmerksamkeit. Niemand liebt es, abgewiesen zu werden, und darum sind die ersten Signale, die jemand aussendet, meistens nur sehr vorsichtig und zurückhaltend. Eigentlich würde dir gerne jemand zeigen, dass er/sie Single ist und dich interessant findet, aber vor lauter Scheu hält er/sie sich doch zurück. Darum bleibt der Kontakt oft ein wenig im Ungewissen hängen: Will dir jemand nun etwas deutlich machen oder nicht? Du be-

ginnst, an dir selbst zu zweifeln, und denkst, dass es nur dein Wunschdenken ist. Durch dieses Missverständnis gehen etliche Chancen ungenutzt vorüber.

Gehe deshalb einmal davon aus, dass Menschen immer Signale aussenden, aus denen zu erkennen ist, ob sie als Partner zur Verfügung stehen oder nicht. Vertraue darauf, dass mögliche Zeichen von Interesse wirklich ernst gemeinte Signale sind. Nimm deine Wahrnehmungen und Gefühle etwas ernster und probiere auch, etwas direkter danach zu handeln.

Dachtest du, dass der Mann dir gegenüber dich interessant findet? Dann überwinde deine inneren Hemmungen und gehe auf ihn zu. Vertraue aber auch den Signalen, die dich darauf hinweisen, dass du dich besser aus dem Staub machen solltest. Wirst du beispielsweise von jemandem angesprochen, der/die gut aussieht und scheinbar alles hat, was du dir wünschst, aber eine kleine Stimme in dir sagt, dass du besser gehen solltest, dann gehe auch wirklich weg, so schwer es dir auch fällt, und tue etwas anderes. Vertraue darauf, dass die Signale dir wirklich etwas zu sagen haben. Reagiere darauf, wenn auch zu Beginn nur mit einem kleinen Schritt.

Auf jemanden zugehen

Suche dir aus einer Zeitschrift oder Tageszeitung ein Foto von einem Mann/einer Frau aus, den/die du nicht kennst, aber der/die dir auf den ersten Blick gefällt. Ein schönes Gesicht oder ein sympathisches Lachen – egal was es ist, was dich anspricht oder dein Interesse weckt. Lege dieses Foto auf einen Stuhl und achte darauf, dass der Stuhl frei im Zimmer steht, so dass er von allen Seiten zugänglich ist. Nimm dir anschließend einen Moment Zeit und stelle dir vor, dass das auf dem Stuhl nicht nur ein Foto ist, sondern ein echter Mensch aus Fleisch und Blut. Fühle die Wärme dieser Person und male dir aus, welche Kleidung er/sie trägt. Stelle dir dann vor, wie es wäre, die Kleidung zu berühren, seine/ihre Hand zu spüren, wenn ihr euch begrüßt oder du sogar sanft über seine/ihre Wange streichelst.

Wenn die Person vor dir ein konkretes Bild angenommen hat, stellst du dich einige Meter entfernt vor den Stuhl hin. Schließe deine Augen für einen Augenblick und visualisiere noch einmal, dass dort vor dir eine lebende Person sitzt. Öffne dann deine Augen und mache einen Schritt nach vorne, gehe auf die Person zu. Trete wirklich in Kontakt mit ihr, sprich mit der Person, während du auf sie zugehst. Es ist nicht wichtig, was du sagst, gehe einfach drauf los. Bleibe erst still stehen, wenn du dich direkt vor dem Stuhl befindest. Dort spürst du der Wirkung deiner Worte nach. Was empfindest du, welches Bild hast du in diesem Moment von dir?

Tritt wieder zurück und stelle dich dieses Mal auf einen anderen Platz im Zimmer, einige Meter vom Stuhl entfernt. Schließe wieder deine Augen und stelle dir erneut die Person auf dem Stuhl in allen Details vor. Bilde dir ein, dass du sein/ihr Parfum riechen kannst und die Farben seiner/ihrer Kleidung siehst. Öffne deine Augen und bewege dich zum zweiten Mal auf den Stuhl zu. Dieses Mal näherst du dich der Person von einer anderen Seite, darum sagst du auch etwas anderes und verhältst dich auf eine andere Art als beim ersten Versuch.

Wiederhole diesen Vorgang noch ein drittes, viertes und fünftes Mal: Trete jedes Mal vom Stuhl zurück, schließe deine Augen, stelle dir die Person auf dem Stuhl vor, öffne deine Augen und gehe dann auf dein Gegenüber zu. Spüre jedes Mal nach, wie du dich als Reaktion auf deine Worte oder Handlungen fühlst. Wenn dir etwas nicht gefällt, verändere es beim nächsten Versuch. Sei frei und experimentiere mit deinem Verhalten. Vielleicht sagst du bei einem Ablauf einmal nichts, sondern führst stattdessen einen kleinen Tanz auf. Oder du machst nur Augenkontakt. Einmal verwendest du vielleicht einen lockeren Satz, um die Konversation zu eröffnen, beim nächsten Mal sagst du hingegen etwas eher Ungewöhnliches: „Du bist die attraktivste Frau/der attraktivste Mann, der/dem ich je begegnet bin! Wie gefalle ich dir?"

Probiere einfach ganz unterschiedliche Arten der Kontaktaufnahme aus. Trete jedes Mal wieder vom Stuhl weg und nähere dich der Person von einer anderen Seite. Behalte in deiner

Vorstellung das Bild, dass die Person auf dem Foto wirklich ein lebendiges Wesen ist, das dort auf dem Stuhl sitzt. Gehe auf die Person zu und nimm Kontakt mit ihr auf. Sprich deine Worte laut aus und gestikuliere dabei mit allen Mitteln, die dir zur Verfügung stehen. Auf diese Weise untersuchst du die verschiedenen Möglichkeiten, Kontakte zu knüpfen. Außerdem wirst du wahrscheinlich auch bemerken, dass du dich selbst schon bald besser und entspannter fühlst und die Hemmschwelle auf eine andere Person zuzugehen schnell kleiner wird. Da du dich jedes Mal erneut der Person näherst, wird deine Kreativität angeregt. Und wer weiß, vielleicht entdeckst du auf diese Weise noch ganz neue Arten, Kontakt aufzunehmen, die du vorher nie für möglich gehalten hast. Und dann kann dich nichts mehr aufhalten, das Gelernte auch in die Realität umzusetzen, wenn du das nächste Mal einem attraktiven Mann/einer attraktiven Frau begegnest ...

Wachsen wie ein Baum

Diese Übung ist eine einfache Meditation, die du eine Zeit lang ausführen kannst. Bevor du damit beginnst, beobachte noch einmal, wie sich Menschen bei einem ersten Treffen verhalten. Du kannst dabei wahrscheinlich immer wieder die gleichen Verhaltensmuster erkennen. Die eine Person ist selbstsicher und unverfroren, eine andere scheint eher unsicher oder abwesend. Eine dritte Person ist etwas verlegen oder vielleicht sehr direkt. Bei einigen Menschen verläuft ein erstes Gespräch sehr zäh, und der Kontakt wird nicht weiter verfolgt, für andere ist es dagegen kein Problem, auch ein zweites oder drittes Mal auf die gleiche Person zuzugehen. Er/sie weiß, wie man das Interesse des anderen für sich gewinnen kann. Beobachte einmal, wie andere Menschen miteinander in Kontakt treten und betrachte auch dein Verhalten. Vergleiche beides miteinander. Was ist typisch an deiner Art, wie du dich anderen Menschen näherst? Welche Muster wiederholen sich in deinem Verhalten und auch in den Reaktionen der anderen auf dich? Wenn dir das deutlich wird, erkennst du wahrscheinlich, was sich noch verbessern lässt.

Vielleicht bemerkst du, dass es dir schwer fällt, ein Gespräch zu führen, das länger dauert als eine halbe Minute. Oder Menschen bekommen das Gefühl, dass du ihnen zu dicht zu Leibe rückst oder du sie beim ersten Kontakt zu eindringlich anschaust, wodurch sie abgeschreckt werden.

Erstelle für diese Übung eine Liste mit den Eigenschaften, die dir im Vergleich mit anderen Menschen auffallen, die du noch nicht hast oder noch nicht so gut beherrschst bei der Kontaktaufnahme mit anderen. Eigenschaften, die du bei dir selbst verändern willst, so dass die Kontakte, die du knüpfst, sich anders entwickeln. Du kannst beispielsweise lernen, ein Gespräch für mindestens fünf Minuten aufrechtzuerhalten, Menschen nicht anzustarren oder deinen Blick nicht ständig auf den Boden zu richten. Vielleicht willst du üben, Menschen mehr Fragen zu stellen, wodurch sie das Gefühl bekommen, dass du dich für sie interessierst, und sie sich ernst genommen fühlen. Wähle anschließend zwei oder drei Eigenschaften aus dieser Liste aus und meditiere darüber in den nächsten Wochen, am besten täglich.

Stelle dir vor, dass du ein Baum bist, an dem ein neuer Ast wächst. Du kannst sehen, wie dieser Ast allmählich größer wird und zum Licht wächst. Stelle dir nun vor, dass dieser Ast eine der neuen Eigenschaften ist, die du lernen möchtest. Lasse also deine Fähigkeit, auf eine andere Art Kontakte zu knüpfen, allmählich zusammen mit dem Ast wachsen. Der Ast wächst langsam und beständig. Ein Baum kann keinen Ast in zehn Minuten wachsen lassen oder innerhalb von drei Tagen. Nimm dir darum auch selbst die Zeit und führe die Meditation mehrere Wochen hintereinander jeden Tag durch. Lasse den Ast jedes Mal ein klein wenig größer und stärker werden. Und mit ihm zusammen wächst in dir diese neue Eigenschaft, die du dir auf diese Weise zu eigen machst und die zu einem festen Bestandteil deiner Persönlichkeit wird. In dem Zeitraum, in dem du diese Meditation ausführst, kannst du es auch wagen, je nach Fortschritt das Erworbene im täglichen Leben in die Praxis umzusetzen. Beginne aber nicht direkt mit den Menschen, mit denen du wirklich eine Beziehung willst, das kann anfangs noch zu viel sein, zu belastend sein. Experimentiere erst mit Personen, denen du im Geschäft, in der Bibliothek, in der Kantine oder im Schwimmbad begegnest. Setze also deine Erfahrungen aus der Meditation in die Praxis um und nutze diese Kombination, um einige Aspekte deiner Fähigkeit zur Kontaktaufnahme allmählich zu verbessern.

Passe deine Ziele an

Wahrscheinlich kennst du das Gefühl der Spannung, wenn du eine Person triffst, die eventuell als Partner geeignet ist. Ist das der/die Richtige? Könnte es mit dieser Person etwas werden? Es entsteht sofort eine gewisse Spannung, die sich noch verstärkt, sobald alle Hoffnungen, Erwartungen und das Verlangen sich miteinander vermischen und hervorbrechen. Sobald sich eine Gelegenheit ergibt und der erste Kontakt gut verläuft, wächst das Verlangen. Du willst mehr, mehr, mehr. Mehr Treffen, mehr Austausch, mehr Zusammensein. Dann, ab einem gewissen Punkt, ist es gar nicht mehr so angenehm. Plötzlich wird es erschöpfend und unangenehm. Anstatt der/dem anderen entspannt zu begegnen, ist auf einmal alle Spontaneität verschwunden.

Dieser Ernüchterung kannst du vorbeugen, indem du dir kleine Zwischenziele überlegst für das erste Wiedersehen mit Menschen, die du neu kennen gelernt hast. Wenn du beim nächsten Mal wieder einen möglichen Partner triffst, hast du die Situation etwas mehr im Griff und kannst realistisch mit dem Kontakt umgehen. Dadurch wirst du nicht von deinem Verlangen überwältigt, wodurch das erste Treffen viel zu beladen und mit viel zu vielen Erwartungen gekoppelt wäre. Übe also damit im täglichen Umgang mit Menschen.

Angenommen, du hast eine/n nette/n Frau/Mann getroffen und du weißt, dass du sie/ihn in der nächsten Zeit noch öfter wiedersehen wirst. Zumindest kannst du dich dafür entscheiden, sie/ihn noch einmal wiederzusehen. Vielleicht entwickelt sich daraus eine Freundschaft oder einfach ein guter Kontakt mit einem Kollegen. Lege nun vor jedem Treffen mit dieser Person, vor jeder Absprache fest, was für dich das Ziel dieses spezifischen Treffens ist.

Zum Beispiel: Das nächste Mal, wenn ich ihn anrufe, will ich ein ungezwungenes Gespräch mit ihm über die Dinge haben, die ich heute erlebt habe. Punkt. Das ist dein Ziel. Mehr ist nicht nötig, mehr braucht nicht zu passieren. Beim nächsten Kontakt sorgst du dafür, dass du dein Ziel auch wirklich erreichst. Und versuche, nicht über dein Ziel hinauszuschießen und mehr zu wollen. Vielleicht ergibt sich ganz von selbst mehr – das ist dann völlig o. k. Aber es ist nicht nötig.

Beim Telefonat mit dem anderen: kurz hören, wie es dem anderen geht, außerdem selbst etwas erzählen. Fertig. Überschreite nicht deine (und auch nicht seine/ihre) eigenen Grenzen. Wenn du dich jetzt darin übst, bescheidene Schritte zu gehen, dann wirkt sich das zu deinem Vorteil aus, wenn du beim nächsten Mal einem potenziellen Lebenspartner begegnest. So eine Situation ist schon aufregend genug, und du brauchst die Spannung nicht zu verstärken, indem du dir eigentlich zu hohe Ziele setzt und zu viel in diesem Moment willst. Frustriere dich nicht selbst, indem du unrealistische, unerreichbare Schritte von dir selbst (und auch vom anderen) verlangst. Nachdem du gelernt hast, mit kleinen Schritten ans Ziel zu kommen, bist du im Allgemeinen wahrscheinlich viel entspannter in deinem Kontakt mit anderen. Obendrein hast du mehr Selbstvertrauen ganz einfach durch die Tatsache, dass du das Gefühl bekommen hast, die Kontrolle über den Verlauf deiner Kontakte zu behalten, indem du deine Zwischenziele erreichst.

Du kannst diese Übung zum Test sehr gut mit Bekannten durchführen, die du schon ein wenig kennst, oder mit Leuten, bei denen sich eine gute Freundschaft entwickelt. Sie wird höchstwahrscheinlich sowohl auf dich als auch auf den anderen eine positive Wirkung haben. Und beim nächsten potenziellen Lebenspartner bist du dann ein Profi in der ersten Phase des Kennenlernens.

Schalte andere ein

Ein ganz einfacher Tipp zum Schluss: Erzähle deinen Freunden und Freundinnen, dass du gerne neue Leute kennen lernen möchtest, um auf diese Weise vielleicht einen neuen Lebenspartner zu finden. Teile ihnen ausdrücklich mit, dass sie dich nicht verkuppeln sollen, aber dass du einfach öfter mit neuen Leuten zusammen sein möchtest.

Jeder Mensch bekommt wahrscheinlich hin und wieder eine Einladung zu einem Fest, einem Empfang, einer Eröffnung, einem Umtrunk. Jeder erhält die Möglichkeit, Ereignisse zu besuchen, bei denen man andere Menschen treffen kann. So eine Veranstaltung kann schnell langweilig werden, wenn man alleine eingeladen ist. Wenn man stattdessen zwei oder drei Freunde mitnehmen darf, kann es viel mehr Spaß machen. Schlage deinen Freunden darum vor, dass sie solche Einladungen nicht abschlagen, sondern mit dir zusammen zur nächsten Party, zum nächsten festlichen Anlass gehen.

Wenn du deine Freunde diesbezüglich nicht fragen willst, dann kannst du dich auch mit zwei oder drei Freunden zusammentun, die auch auf Partnersuche sind. Schreibt euch auf die Adressenlisten von Galerien und Museen, um auf diese Weise informiert zu bleiben über mögliche Vernissagen und Veranstaltungen. Sammelt aktiv Informationen über Gelegenheiten, bei denen verschiedene Menschen zusammen kommen, bei denen man einfach Kontakte knüpfen kann. Erkundigt euch beim Buchhändler nach Autorenlesungen und Vorträgen und geht anschließend zusammen dort hin. Experimentiert mit dem Kontaktknüpfen. Die vorherigen Übungen in diesem Buch können euch dabei unterstützen. Habt Spaß dabei! Und wer weiß, vielleicht klickt es dann irgendwann wirklich ...

....

Über den Autor

Daan van Kampenhout, Jahrgang 1963, ist ein international angesehener Lehrer und Mentor des Schamanismus und hat bei traditionellen Lehrern verschiedener Kulturen studiert. 1993 gründete er eine Praxis für Schamanismus und Rituale. Van Kampenhout ist Autor von drei Büchern und vielen Artikeln. (Im Carl-Auer-Systeme Verlag erschien 2001 *Die Heilung kommt von außerhalb*). Übersetzungen seiner Bücher und Artikel sind auf Deutsch, Englisch, Spanisch und Französisch erschienen.

Kontakt:
Daan van Kampenhout
Schamanismus and Ritual
Postbus 10092
1001 EB Amsterdam
Niederlande

Guglielmo Gulotta

Gemeinsam in die Falle gehen

Vom Beziehungsdrama zum Happy End

Mit einem Vorwort von Paul Watzlawick
und Illustrationen von Alfredo Chiappori
Aus dem Italienischen von Britta Nord

146 Seiten, Kt, 2003
ISBN 3-89670-408-7

„Wer anderen eine Grube gräbt, fällt selbst hinein", sagt man. Nicht auszudenken, was geschieht, wenn ein Paar gemeinsam zu graben beginnt!

Guglielmo Gulotta, bekannter italienischer Strafverteidiger, Sozialpsychologe und Hypnotherapeut, führt in diesem humorvollen Buch verbreitete Strategien und Taktiken vor, mit denen Paare sich gegenseitig das Leben schwer machen und ihre Beziehung mitunter ernsthaft gefährden. In Dialogen und Karikaturen stellt er typische Beziehungsszenen nach und deckt die subtilen Mechanismen auf, die aus alltäglichen Krisensituationen Beziehungsdramen werden lassen.

Gulotta zeigt auch, wie man destruktive Kommunikationstaktiken schon durch einfache Beobachtung außer Kraft setzen kann und wie die Beachtung nur weniger Grundregeln hilft, eine Paarbeziehung auch über längere Zeit glücklich und stabil zu halten.

Carl-Auer-Systeme Verlag

Bitte nicht helfen!

Jürgen Hargens

Bitte nicht helfen!

Es ist auch so schon schwer genug
(K)ein Selbsthilfe-Buch

72 Seiten, Ebr, 2000
ISBN 3-89670-142-8

Wechseln Sie doch mal die Perspektive, blicken Sie anders auf Ihre Probleme, und Sie können eigene Ideen für nützliche Veränderungen entwickeln!
Auf der Grundlage systemischer Prinzipien hilft das Buch, sich selbst anders zu betrachten und eigene Ideen für Veränderungen zu entwickeln. Hargens liefert so en passant auch eine gut verständliche Einführung in die Systemische Therapie.

„Ein kleines Vademecum für den privaten Durchhänger. Kurzgefasst hat der Autor hier einige zentrale Stücke aus dem Fundus einer möglichkeiten-orientierten Therapie auf den Punkt gebracht ...
Der Autor hat hier eine handliche und anregende kleine Hilfe zur Selbsthilfe zustande gebracht (und der Verlag ein echtes ‚Taschenbuch).“
Systhema

www.carl-auer.de

Daan van Kampenhout

Die Heilung kommt von außerhalb

Schamanismus und Familien-Stellen
Mit einem Geleitwort von Bert Hellinger

196 Seiten, Kt, 2001
ISBN 3-89670-213-0

Dieses Buch entstand aus der gemeinsamen Auseinandersetzung des Autors und Bert Hellingers über die Beziehung zwischen Schamanismus und Familien-Stellen. Es beschreibt die Dynamik und Wirkungsweise der systemischen Arbeit Bert Hellingers aus dem Blickwinkel des traditionellen Schamanismus.

Der Autor arbeitet die spirituellen Prinzipien heraus, die sowohl dem Schamanismus als auch dem Familien-Stellen zugrunde liegen. Seine theoretischen Untersuchungen macht er an Beispielen aus Aufstellungen, an persönlichen Erfahrungen mit traditionellen Ritualen und Berichten von Medizinern und Schamanen konkret.

Carl-Auer-Systeme Verlag